성공하는 사람들의 좋은 습관

성공하는사람들의
좋은 습관

로버트 G. 알렌 지음 김주영 엮음

백만문화사

성공하는 사람들의 좋은 습관

3판 1쇄 인쇄 | 2023년 3월 10일
3판 1쇄 발행 | 2023년 3월 15일

지은이 | 로버트 G. 알렌
엮은이 | 김주영
펴낸이 | 이현순

펴낸곳 | 백만문화사
주소 | 서울특별시 마포구 독막로 28길 34(신수동)
대표전화 | (02) 325-5176
팩스 | (02) 323-7633
신고번호 | 제2013-000126호
홈페이지 | www.bm-books.com
이메일 | bmbooks@naver.com
Translation Copyright©2023 by BAEKMAN Publishing Co.
Printed & Manufactured in Seoul Korea

ISBN 979-11-89272-34-0 (03320)
값 16,000원

"성공을 보장하는 좋은 습관"

　인생을 성공으로 이끈 사람들은 자기들을 더욱 성공적으로 만드는 데 필요한 일들을 끊임없이 지속한다. 어떻게 그렇게 할 수 있을까?

　의식적이든 무의식적이든 가장 성공한 사람들은 성공을 보장하는 습관과 일상을 어떻게 개발하는 지 잘 알고 있다.

　실제로 모든 성공한 사람들의 공통점이 하나 있다. 바로 좋은 습관을 바탕으로 한 일상생활을 하고 있다는 점이다.

　습관은 그렇게 중요하다. 일상적 행동의 90퍼센트는 습관을 바탕으로 하고 있다.

　우리가 매일 행동하는 것은 거의 대부분이 습관이다.

　모든 사람들은 좋은 습관과 나쁜 습관을 갖고 있지만, 우리가 매일 행동하는 것이 습관이라면, 우리의 삶을 효과적으로 변화시키는 유일한 방법은 습관을 바꾸는 일밖에 없다는 말이 된다. 좋은 소식은 나쁜 습관을 효과적으로도 고칠 수 있고, 우리들이 더 성공적으로 만들기 위해서는 좋은 습관을 길들이는 방법을 배울 수 있다는 점이다.

　습관을 고치는 방법이 바로 이 책에 있다.

　성공한 사람과 보통 사람의 차이는 지능이나 능력이 아니라 습관의 차이에 있다는 것을 이 책은 설명한다.

　독자들 모두가 이 책에서 제시한 방법을 따라하여 누구나 좋은 습관을 가져 인생을 바꾸고 더 큰 성공을 거두기를 기대한다.

차 례

차   례

The Habits of anyone succeeded in
one's a undertaking

part 1.

습관과 성공과의 함수관계

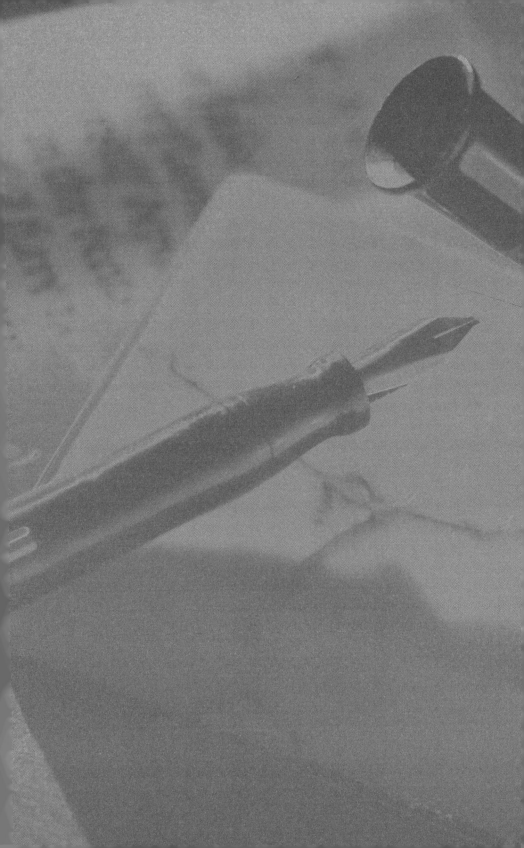

성공에 절대적으로 영향을 주는 습관

우리 인간은 습관을 가진 동물이라는 말에 이의가 없을 것이다. 좋건 싫건 우리가 갖고 있는 습관은 우리의 삶에 엄청난 영향을 준다. 하지만 그 영향력과 그 힘이 어느 정도인지 제대로 아는 사람은 많지 않다.

우리의 일상생활에서 거의 90퍼센트가 모두 습관에서 비롯된 것이라고 할 수 있다.

한 번 생각해 보자. 대부분의 일상행동이 모두 습관이다. 아침에 일어나 세수하고, 양치질하고, 옷을 입고, 신문을 보고, 출근하는 그 모든 과정이 습관적으로 이루어지고 있다. 매일 수백 가지의 습관이 반복되고 있다.

하지만 습관은 단순한 일상 이상의 더 큰 의미를 가지고 있다.

습관은 우리 삶의 모든 부분에 영향을 준다. 무엇을 먹고, 언제 먹고, 어떤 것을 먹고, 어떤 운동을 하는지, 얼마나 오래 하는지, 얼마나 자주 하는지와 같은 건강과 관련된 모든 습관이 우리 삶에 영향을 준다.

또한 친구나 동료와의 관계도 습관을 바탕으로 한다. 사람의 생각 자체도 습관과 밀접한 관계가 있다.

고대의 철학자 아리스토텔레스는 이렇게 말했다.

"미덕을 만드는 것은 정당하고 절도 있는 습관이다."

습관은 한 개인의 삶 이상의 범위까지 영향을 준다.

습관이 사회 전체 조직의 심리학적 메커니즘을 실질적으로 이끌고 있다고 심리학자들은 말한다.

가장 어려운 일, 습관을 바꾸는 일

그런데 이렇게 중요한 습관이 고치기가 어렵다는 데에 더 큰 문제가 있다.

습관을 바꾸기가 왜 그렇게 어려울까?

습관은 우리의 무의식 속 깊숙한 곳에 들어 있고, 무의식과 의식의 혼합체이기 때문이다.

그렇기 때문에 의식적인 의지만으로는 습관을 바꾸기가 거의 불가능하다.

의식적 노력은 항상 깨어 있을 때만 경고를 말하고 힘을 발휘한다. 항상 경계 태세를 갖추고 있어야 의식이 무의식을 이길 수 있다. 따라서 의식만으로는 습관을 고치기가 힘들다는 것이다.

성공한 사람들의 공통분모, 좋은 습관

성공한 사람들의 공통분모는 좋은 습관을 바탕으로 일상생활을 하고 있다는 점이다. 운동선수, 변호사, 정치가, 의사, 사업가, 세일즈맨 등 각각 분야에서 성공을 거둔 최고의 사람들은 한 가지 공통점을 가지고 있다. 즉 바로 좋은 습관이다.

그러나 그들에게 나쁜 습관이 전혀 없다는 것은 아니다. 하지만 나쁜 습관보다 좋은 습관이 더 많다.

좋은 습관을 바탕으로 한 일상생활이 보통 사람과 성공한 사람을 구분하는 중요한 차이점이다.

좋은 습관은 유전적 잠재력을 더 많이 발휘하도록 만든다.

한 번 생각해보자. 성공한 사람이 다른 사람보다 반드시 지적으로 더 뛰어난 것은 아니다. 다만 이들은 좋은 습관을 가지고 있어서 더 많은 교육을 받았고, 더 많은 지식을 습득하였으며, 더 뛰어난 능력을 갖추게 된 것이다.

성공한 사람이 보통 사람보다 반드시 더 뛰어난 능력을 갖춘 것은 아니다. 다만 이들은 더 많이 노력하고, 더 많이 연습하고, 더 많이 준비하는 습관을 갖고 있다.

성공한 사람이 선천적으로 다른 사람보다 더 의지가 굳고 열심히 노력하는 것은 아니다. 다만 인내하고 노력하며 더 효과적이고, 체계적으로 학습하고 일하는 습관을 갖고 있을 뿐이다.

지능이나 재능이 문제가 아니다

머리가 좋은 사람은 부모님으로부터 좋은 머리를 물려받았으므로 부모님께 감사해야 한다. 지능은 유전적이다. 키가 작은 사람이 키를 늘릴 수 없듯이 지능은 끌어올릴 수가 없다. 그러나 좋은 습관을 들이면 더 많은 교육을 받고, 더 많은 지식을 획득할 수 있다. 습관은 유전적 잠재력의 실천 수준을 결정한다.

위대한 발명가인 에디슨은 전구와 측음기, 영사기를 포함하여 일생 동안 1천 여 개를 발명하였다. 에디슨은 정말로 천재라고 할 수 있다. 그러나 에디슨은 생각하는 습관을 가지고 있었기 때문에 가능했었다고 이렇게 말했다.

"생각하는 힘을 키우면 뇌의 용량이 확대되고 새로운 능력을 가질 수 있다. 생각하는 습관을 가지지 못한 사람은 인생에서 가장 즐거움을 놓치게 된다."

포기하는 습관이 없었다

에디슨은 분명히 천재였으며, 뛰어난 능력을 소유한 발명가였다. 그러나 그는 자신의 성공을 천재성이나 능력이 아니라 끊임없는 노력과 의지의 결과라고 말하였다.

에디슨에게는 포기하는 습관이 없었다. 그는 이렇게 말했다.

"성공에 얼마나 가까이 다가가 있는지 깨닫지 못하고 포기하는 사람은 바로 실패자이다."

에디슨은 전구에 가장 가까운 재료를 찾기까지 무려 1만 번이나 실험을 시도했다. 그가 그런 성공을 하기까지는 재능이 아니라 포기하지 않고 끊임없이 노력하는 그의 습관이 있었기 때문이다.

성공과 실패의 차이는 바로 습관이다

⚜

　어느 조직에서나 또는 어떤 일을 처리할 때, 기대 이하로 성취한 사람과 그렇지 못한 사람과의 차이는 무엇일까?

　사람들은 기대 이하로 성취하지 못한 사람은 게으름 때문이라고 말한다. 앞으로 지적하겠지만, 게으름도 하나의 나쁜 습관이다.

　게으름은 꾸물대기, 산만함, 철저하지 못한 시간관, 의지의 부족 등이 복합적으로 작용한 결과이다.

　이와 반대로 기대 이상으로 성취한 사람은 효율적 시간관리, 강력한 의지, 신속한 처리 등 좋은 습관의 결과인 것이다.

　기대 이하로 성취한 사람과 기대 이상으로 성취한 사람의 생활자세와 습관을 살펴보면 바로 알 수 있다.

　생활태도나 습관 같은 것은 부모로부터 물려받은 유전적이라고도 말할 수 있으나 유전적인 기질과 상관없이 생활태도는 환경에 영향을 많이 받는다고도 말할 수 있다.

성공한 사람은 지속적으로 행동한 사람이다

성공한 모든 사람들은 실천가들이다.

그들은 방향이 없이 행동한 것이 아니라 목적을 가지고 지속적으로 행동한 사람들이다.

또한 성공한 사람들은 반드시 더 똑똑하고, 더 명철하며, 더 많이 일하고, 더 굳은 의지를 가진 것은 아니다. 성공한 사람들은 좋은 습관을 개발했으며, 보다 더 많은 행동으로 옮긴 실천가이며, 더 많이 배우고, 더 효과적으로 일하는 생활을 한 사람들이다.

다시 말해 성공한 사람들은 습관과 일상으로 잠재력을 더 많이 발휘하도록 만들었던 것이다. 한 마디로 말해 성공한 사람들은 좋은 습관을 개발하여 그것을 지속적으로 실천에 옮긴 사람들이다.

결론적으로 말해서 습관이 성공의 절대적인 요소이지 지능이나 능력이 아니라는 것이다.

part 2.
성공하기 위해서
반드시 버려야 할 나쁜 습관

직장에서 길들여진
7가지 나쁜 습관

오늘날에는 이런 현상이 적어졌다고는 하지만, 군대에서는 신병이 입대하면 매와 벌로 공포 분위기를 조성함으로써 상사나 고참의 명령에 순종하도록 만든다. 관료적인 기업도 마찬가지다. 직급을 통해 권위를 내세움으로써 상사나 간부들이 부하를 통제하거나 압박한다. 이러한 통솔은 조직을 이끌어가는 데에는 효과적일지 모르나 창의를 신장시키지 못한다.

이런 권위적인 기업에서 길들여진 직원들의 좋지 않은 습관으로는 다음과 같은 것들이 있다.

❶ 변화에 대한 두려움

기득권을 가진 상사나 고위 간부들은 새로운 변화를 두려워한다. 특히 자신에게 불리한 영향이 미치지 않을까 두려워한다. 그리하여 크고 작은 기업이나 조직에서 변화를 두려워하는 마음이 완전히 굳어져 이것이 당연시되고 습관처럼 되었다.

그리하여 이런 습관이 대물림이 되어 변화를 두려워하는 마음이 전수되어 그 다음 신입사원에게도 똑같이 행사한다는 것이다.

그러나 환경이나 상황의 변화에 따라 사고방식이나 행동이 변하지 않으면 점차 퇴보되어 언젠가는 거대한 변화에 낙오가 될 것이다.

❷ 습관적으로 목표를 근시안적으로 설정한다

목표는 반드시 필요하다. 그러나 단기 목표를 세우다 보면 전체적인 상황을 파악할 수 없게 된다. 시장 상황이 바뀌고 기술이 빠르게 변하는데도 과거의 상황에 안주되어 습관처럼 단기목표만 추구하다가 현실과 동떨어지게 된다.

❸ 전례를 지나치게 존중하는 습관

조직생활에서 자신의 의견과 다른 사람의 의견이 상충될 때 다수의 의견에 따르는 것이 일반화되었다. 그러나 다수의 의견이 반드시 올바른 것은 아니다.

특히 조직에서는 과거에 해오던 방식 즉 전례를 중시하기 때문에 이를 별로 생각 없이 받아들이거나 그 전례에 따르는 일이 많다. 하지만 이런 전례에 익숙해지면 자신이 갖고 있던 창의력은 점차 없어진다.

❹ 사고 결핍증

인간의 상상력과 사고력은 무한에 가깝지만 대부분의 사람들은 나 자신의 사고력을 스스로 유리병 속에 가둔다. 더욱 안타까운 사실은 많은 사람들이 생각하려는 노력을 하지 않고 주어진 일만 그저 습관적으로 한다는 사실이다.

❺ 미래 상실증

사람에게는 꿈이 있어야 하고, 조직에는 비전이 있어야 한다. 조직이 꿈과 비전을 제시할 수 있어야 직원들이 먼 미래를 계획할 수 있다.

꿈과 비전은 미래로 가는 지도자의 나침반이며, 각종 어려움을 극복해 나갈 수 있는 에너지다.

❻ 정보가 지나치게 많은 정보 비만증

정보에 들이는 노력만큼 탁월한 해결책이 나오지 못하고 있으며, 수집한 정보를 채 활용하지도 못한 채 산적해 있는 경우가 많다.

❼ 불신이 만성화되었다

기업에서 인사과에 좋지 못한 결과가 나오면 불이익을 주거나 심한 경우에는 해고까지 하는 경우가 있다. 그리하여 좋은 정보를 얻더라도 서로 독점하고 함께 나누어 조직의 발전을 꾀하려 하지 않고 내부 협력을 하지 않는다.

  위의 7가지 경우는 조직생활에서 누구나 습관처럼 되어 있어서 그대로 전수하고, 전수받아 행해지고 있다. 이렇게 자신도 모르게 습관화된 고질적인 사고와 행동을 버려야 창의력이 생기는 것이다.

02 의식하지 못하고 있는 나쁜 습관

습관이란 무엇을 뜻하는 말인지 그 의미를 사전에서 찾아보면 다음과 같이 나타나 있다.

"습관이란 일상적으로 굳어진 생각이나 행동이다."

일상생활을 하면서 우리는 굳어진 생각이나 행동이 너무 많다. 수십 년 동안 손톱을 깨무는 사람, 발을 떠는 사람, 사람을 만나면 상대의 말을 듣기보다는 자기 말만 하는 사람, 대화를 하면서 힐끗힐끗 주위를 살피는 사람 등등 수없이 많다. 이 모두가 습관이 되어 있는 사람들이다.

이러한 습관은 하루아침에 이루어진 것이 아니라 수십 년 또는 몇 년 사이에 이루어진 것이다.

우리는 좋은 습관이든 나쁜 습관이든 습관의 늪에서 살고 있다고 해도 과언이 아니다.

한 번 굳어진 행동이나 생각은 쉽게 바꾸기 어렵다. 그러나 아주 바꿀 수 없는 것은 아니다. 조금만 노력하면 충분히 바꿀 수 있다. 문제는 우리가 습관의 늪에서 살고 있으면서도 그 늪에서 빠져 나올 수 있다는 생각을 하지 못한다는 것이다.

책상에 앉기만 하면 발을 떠는 사람에게 "왜 발을 떠느냐고?" 물으면 거의 모든 사람이 재빨리, 그리고 확실하게 답을 하지 못한다. 왜냐하면 그런 습관을 가진 사람 자신은 그것을 의식하지 못하고 있기 때문이다. 그것은 오랫동안 습관이 되어 왔기 때문이다.

분명한 것은 이러한 사소한 습관이 인생의 성공과 실패를 좌우한다는 점이다.

위의 다리를 떠는 사람의 경우를 보자. 그것이 습관화되었을 때 장소가 어디든지, 누구와 만나서 대화를 하던지 책상에 앉으면 발을 떨게 된다.

습관이란 장소와 때를 가리지 않기 때문이다.

그러면 중요한 사람과의 만남에서 그런 습관으로 인해서 경박하다는 좋지 못한 인상을 받게 되어 그것이 인생의 실패를 가져다 줄 수 있을 것이다.

그러면 어떻게 하면 그런 나쁜 습관에서 벗어날 수 있을까?

습관이란 것이 자신도 모르게 몸에 배인 것이라면 반대로 생각해서 습관을 자신도 모르게 몸에서 떼어 내어버릴 수도 있는 것이다.

나쁜 습관이란 인간관계에 나쁜 영향을 주고 더 나아가서 인생에 실패를 가져다 줄 수 있는 것이다.

나쁜 습관을 고치는 비결

스스로 생각해서 나쁜 생각이라고 생각되고, 그것을 고쳐야겠다고 생각한다면 우선 그것을 종이에 기록한다. 기록한다는 자체가 당신이 그것을 나쁜 습관으로 인지하고 있다는 것이므로 매우 큰 효과가 나타날 것이다.

나쁜 습관을 가진 사람들 거의가 자기가 나쁜 습관을 가지고 있다는 것을 인지하지 못한다. 인지한다고 하더라도 구체적으로 그것이 나쁜 습관이라고 생각하지 못한다. 그러므로 이렇게 스스로 나쁜 습관을 적어보면 고치겠다는 의지가 생겨난다. 예를 들어서 휴대폰으로 통화를 할 때 목소리가 크다고 지적을 받았다면 그것은 나쁜 습관인 것이다.

습관은 무의식과 의식이 공존하는 것이라는 사실을 명심할 필요가 있다. 무의식이란 상대와 통화를 하면서 자신도 모르게 목소리가 커지는 것이다. 이때 목소리가 크다고 하면 자신도 모르게 의식적으로 목소리를 낮추게 된다. 이렇게 되면 습관이 몸에 배어 있어 쉽게 바꿀 수 없다. 왜냐하면 과거의 경험이 무의식의 창고에 저장해 놓았기 때문이다.

휴대폰으로 통화를 할 때, 휴대폰을 잡는 순간 속으로 한 번쯤 '목소리를 낮춘다.'라고 생각하고 첫마디에 '여보세요.' 라고 목소리를 낮추어 시작해본다. 분명한 것은 이렇게 첫마디를 낮추면 곧 의식의 창고로 들어갈 수 있다는 것이다. 휴대폰을 잡는 순간은 무의식에서 의식으로 전환시키는 것이다.

손톱을 무는 순간 바로 무의식적으로 그런 행동을 하게 된 것이다. 이 때 무의식의 창고를 의식의 창고로 전환시켜야 한다. 손톱을 무는 순간 '손톱을 물지 말자.'하고 의식적으로 외친다. 무의식을 의식으로 바꾸는 데에 엄청난 노력이 필요한 것은 아니다. 그저 의식하고 있기만 하면 된다.

버려야 할 낡은 습관

❧

　낡은 습관을 버리고 새로운 습관을 익히는 일이 생각만큼 쉬운 일이 아니다. 그러나 노력과 열정만 있으면 새로운 습관을 익히는 것도 그렇게 힘든 일만은 아니다.

　우리는 담배를 피우면서도 항상 마음속으로는 '담배를 끊어야지.' 하고 다짐하지만, 쉽게 담배를 끊지 못한다. 그러나 결정적인 순간이 오면 새로운 습관을 받아들이고 낡은 습관을 버리게 된다.

　예를 들어서 당신이 의사로부터 "당신이 담배를 끊지 않으면 얼마 안 가서 죽습니다." 하는 극단적인 처방이 내려지면 거의 모든 사람들은 담배를 끊는다. 물론 내일 죽더라도 담배를 끊지 않는 사람이 있을 것이다. 그러나 이것은 극히 드문 일이다.

　이렇듯 사람은 결정적인 순간이 오기까지는 자신의 습관을 스스로 통제하기가 어려운 것이다.

　습관도 습관 나름이라고 볼 때 아주 고치기 어려운 습관이 있는가 하면,

조금만 노력하면 나쁜 습관을 버리고 좋은 습관을 익힐 수 있다.

그러면 새로운 습관을 가지기까지의 과정을 단계별로 설명하면 아래와 같다.

새로운 습관을 갖는 7단계

1단계는 우선 자신이 마음먹은 습관, 예를 들면 아침 일찍 일어난다, 조깅을 한다 등 자신이 현재까지 갖고 있지 않으며 지금 갖기를 원하는 습관을 하나 선택한다.

예를 들어서 담배를 끊는 새로운 습관을 갖기로 했다면 단계별로 어떻게 해야 되는지 살펴보자.

1단계 : 자신이 원하는 새로운 습관, 즉 담배를 끊겠다는 새로운 습관 하나를 정한다.

2단계 : 새로운 습관이 결정된 후 결심을 다진다.

　　　　'나는 반드시 이 기회에 담배를 끊고 말겠다.' 라고 결심한다.

3단계 : 주변에 담배를 없애고 주위 사람들에게 그런 새로운 습관을 알린다.

4단계 : 새로운 습관을 가진 후의 자신의 모습을 상상한다. 즉 담배를 끊은 후의 건강한 모습을 상상한다.

5단계 : 낡은 습관 즉 담배를 피우던 일이 생각나면 크게 외친다. "나는 이겨야 한다."

6단계 : 다시 낡은 습관이 생기면, 그런 낡은 습관에 굴복당했을 때의 모습을 상상해 본다.

7단계 : 자신이 낡은 습관과의 전쟁에서 이겼다면, "나는 나 자신과의 싸움에서 이겼다."라고 외친다.

새로운 습관을 받아들이는 일은 때로는 엄청난 노력이 필요하다. 그러나 당신이 가지고 있는 습관을 당신이 해결하지 않으면 누가 해결해주겠는가?

게다가 그 습관이 당신의 성공과 실패를 좌우할 수 있는 습관이라고 할 때, 당신이 진정으로 성공하려면 반드시 그 습관을 해결해야만 하는 것이다.

자신과의 싸움에서 실패하는 일만큼 비참한 일은 없다. 그러므로 새로운 습관을 받아들일 때는 시간을 가지고 천천히 생각하되 결심했으면 단호하게 실천해야 한다.

게으름은 가장 나쁜 습관이다

❦

　만일 당신이 좀 게으르다고 생각한다면 반드시 그 문제를 해결해야 당신이 앞으로 나아갈 수 있고, 성공의 길로 들어설 수 있다.

　우리는 보통 자신의 게으름을 깨닫지 못한다. 누군가가 그것을 지적해 주면 그것은 자신에 대한 오해이거나 잘못된 생각으로 치부해 버린다. 그러나 그런 사람은 자신이 외면하고 있는 덫에 걸려 쓰러지고 말 것이다.

　보통 사람들은 자신의 성격에 맞지 않는 일을 만나거나 익숙하지 않은 일을 만나면 나태해지기 쉽다. 어떤 상황에서도 주어진 과제를 최대한 충실하게 이행하는 것이 자신의 앞날을 위해서 필수적인 것이지만 별로 신경을 쓰지 않는다.

　게으름은 분명히 나쁜 습관이다.

　게으름은 앞으로 나아가는 길에 놓인 심각한 장애물이며 당신을 실패로 이끌어가는 적이다.

　그렇다면 습관이 된 이 게으름을 극복하는 방법은 없을까?

방법은 물론 있다. 방법 중에서 최고의 방법은 자신을 스스로 제어하는 프로그램을 만들어 성실하게 실천하는 것이다.

게으름과 나태, 이것은 분명 가장 나쁜 습관이며, 이 나쁜 습관을 고치지 않고 인생을 성공적으로 가꾸어 나가는 사람은 한 사람도 없다. 이런 나쁜 습관이 있는 사람은 이것을 반드시 고친 사람이 성공할 수 있다.

그렇다면 게으름이라는 가장 나쁜 습관을 고치는, 스스로를 제어하는 프로그램은 어떤 것일까?

게으름을 고치는 실천 프로그램의 4가지 원칙

평소에 게으른 한 청년이 부잣집 딸과 결혼하여 더욱 게을러졌다. 그는 장인이 운영하는 회사에 근무하고 있으나 항상 게을러 문제를 일으켰다.

늦게 출근하는 것은 물론 자신이 해야 할 일을 아랫사람에게 맡기고 골프나 치러 다니는 것이 일과였다.

그의 행동에 대해서 들은 그 회사 사장은 그를 불러서 다음과 같이 말하고는 해직시켰다.

"자네 같은 사람이 이 회사에 근무하다가는 이 회사는 10년도 못 가서 망해버릴 거야. 그리고 자네 가족은 길거리에서 헤매고 다닐 거야."

그는 회사를 그만두고 다른 회사에 취직하려고 했으나 평소에 게으른 그를 안 사람들이 그를 취직시켜주지 않았다. 반 년 동안 헤매이던 그는 다시 다니던 회사의 사장 앞에 무릎을 꿇고 잘못했으니 한 번만 용서해 달라고 하면서 자신의 게으른 습관을 고칠 수 있는 방법을 가르쳐 달라고 하였다.

그러자 회사 사장은 다음과 같이 말하였다.

첫째, 출근은 9시지만 10분 전에 출근할 것.

　　　10분은 회사를 위한 시간이 아니라 자신을 위한 시간이다.

둘째, 회사에서 자신이 해야 할 일을 조목조목 정리할 것, 그리고 하루에 한 번씩 그 메
　　　모를 보면서 그 일들이 예정대로 진행되었는가를 반성할 것.

셋째, 점심시간에 동료들과 잡담하지 말 것, 또 휴식시간을 30분으로 줄일 것.

넷째, 현재 가장 중요한 일을 가장 최단 기간 내에 완벽하게 마칠 것, 현재의 일을 완벽
　　　하게 마치지 않으면 그 다음으로의 발전이 없기 때문이다.

사장의 충고를 받아들인 그 젊은이는 이 조항을 성실하게 실천하여 올바른 인생의 길을
걷게 되었다.

살아가면서
반드시 피해야 할 습관

❦

사람은 누구나 생활하면서 좋은 일만 있고, 고통이나 고난이 없는 것은 아니다. 사람은 누구에게나 좋은 일도 닥치고 좋지 않은 일도 일어나기 마련이다. 그러나 성공한 사람은 나쁜 일이 닥쳐도 슬기롭게 대처하고 긍정적으로 생각하기 때문에 이겨나가는 것이다.

그러나 똑같은 일을 당해도 이와 반대로 안절부절하고 불안감을 극대화하는 사람이 있다.

사람은 생각을 어떻게 하느냐에 따라서 어려운 일을 쉽게 풀어갈 수도 있고, 풀지 못하여 어쩔 줄 모르는 사람도 있다.

어려운 문제를 풀지 못하는 사람은 평소에 살아가면서 버려야 할 습관을 그대로 간직하고 있기 때문이다.

그러나 성공을 원한다면 오늘부터 버려야 할 습관은 과감하게 버려야 한다.

반드시 버려야 할 습관 5가지

성공을 위해서 버려야 할 습관으로 다음과 같은 것이 있다.

첫째는 사물이나 일을 앞에 놓고 부정적으로 생각하는 습관이다.

이런 사람들은 거의가 쉽게 하는 말이 있다.

"아마도 안 될 거야.", "성공하기가 힘들 거야."

두 번째는 매사를 극단적으로 생각하는 습관이다. 이런 사람은 조금만 실수를 해도 자신이나 남을 탓한다.

이런 사람들은 일상생활을 하면서 그냥 지나쳐도 될 문제를 극단적으로 생각하여 자신을 괴롭힌다.

세 번째 버려야 할 습관은 너무 성급하게 내리는 결정이다.

이런 사람들은 대부분 "사나이답게 빨리 결정해야 한다."고 말한다.

네 번째로 피해야 할 습관은 자신이 완벽하다는 것을 입증하려는 습관이다. 이런 습관을 가진 사람은 자신뿐만 아니라 상대에게도 그런 모습을 강요한다. 그러다가 상대방이 완벽하지 못하면 신경질적인 반응을 일으킨다.

마지막으로 버려야 할 다섯 번째 습관은 생활 자체가 불안하여 매사에 걱정하는 습관이다. 이런 습관을 가진 사람들은 가슴이 조금 아파도 심장병이 아닌가 하고 병원에 가서 진단을 받는다.

위의 다섯 가지 습관은 성공을 원하는 사람은 반드시 버려야 할 습관이다.

0206 도중에 포기하는 습관

❦

어느 유명 인사는 매일 아침 4시에 기상하여 조용한 묵상으로 마음을 가다듬고 하루 일과를 구체적으로 계획한 후 운동을 한다고 한다.

어쩌다 여행을 떠나 생활 리듬이 깨어지기 쉬운 때라도 이것만은 거르지 않고 반드시 실천한다. 그날 하루를 새롭게 시작하기 위한 '수행'이라고 할까? 벌써 15년 정도를 계속하고 있는 것이다. 하루도 거르지 않고 매일같이 하는데 정말 감탄할 만하다.

옛날 명언에 이런 글귀가 있다.

"한 자만 더 파면 나올 우물을 파지 않고 근심만 하고 있다."

이제 한 자(30센티)만 더 파면 물이 콸콸 솟게 될 텐데 그만 도중에 단념하는 것이다. 도중에 포기하면 그때까지의 노력이 모두 수포로 돌아간다는 교훈이다.

무슨 일이든 계속해서 노력함으로써 이루어지게 된다. 정말 중요한 것은 재능이 아니라 끈기라고 말할 수 있다.

어떤 일이든 시작하기는 쉬운 일이지만 그것을 단념하지 않고 '계속' 하기란 결단코 쉬운 일이 아니다. 어째서 계속할 수 없는 것인가? 그 이유는 도중에 질려 버리기 때문이라고 생각한다. 혹은 나태한 마음에 사로잡히기도 할 것이다. 도중에 자신의 한계나 어려움을 느끼고 중단하는 경우도 있으리라. 좌절의 이유는 실로 가지각색이다. 여기에서 하나의 문제점이 클로즈업 되어 나타난다. 그것은 시작할 때의 기분이다. 그 '기분' 을 계속하여 일정하게 유지시키기가 얼마나 어려운가 하는 점이다.

오랜 시간 전력과 노력을 기울이게 되면 점차 피곤과 짜증을 느끼게 된다. 그런 이유로 어느 정도의 시점까지 나아가게 되면 "아이구." 하며 한숨을 돌리고 싶어진다.

바둑이나 장기, 또는 스포츠에서도 어려운 시점을 지나서 종반에 이르면 "이 정도면 이기겠어." 하는 생각에 낙관하여 긴장감이 다소 풀어진다. 그러다가 그런 긴장감의 해이로 인하여 눈 깜짝할 사이에 역전패를 당하는 경우가 얼마나 많은가!

승부의 세계에서는 이런 일이 흔히 있음을 누구나가 안다. 이것은 우리 인생의 도전에 있어서도 마찬가지다.

"이 세상의 모든 일은 끈기에 달려 있다. 끈기가 강한 사람이 최후의 승자이다."

라는 말이 새삼 절실해진다.

자신을 채찍질하면서 계속하는 것만이 끈기를 기르는 일이다.

일상생활 속에서의 사소한 일이라도 하겠다고 마음을 먹었으면 계속하는 일이 무엇보다 중요하다. 이것이 바로 끈기다.

우유부단한 습관

수영을 배울 때 겁을 내며 발을 바닥에 계속 붙이고 있으면 언제까지나 물에 들어갈 수 없을 것이다. 마음을 강하게 먹고 발을 떼어야만 물에 뜰 수 있으며, 또 원하는 방향으로 헤엄쳐 나갈 수 있는 것이다.

우유부단한 사람은 이 말을 항상 가슴에 새겨 둘 필요가 있다. 우유부단한 사람은 실패를 두려워하여 언제까지나 발을 떼려고 하지 않는다. 다시 말해 좀처럼 결단을 내리지 못하는 것이다.

괴테는 "이 세계에서 가장 불행한 자는 우유부단한 인간이다."라고 말한 바 있다. 괴테는 "실패를 두려워 말라."고 말하고 있다.

"어떤 행동을 개시하여 실패하는 것보다도 자신의 우유부단한 습관 쪽을 두려워하라."는 말이다. 이러지도 못하고 저러지도 못한다는 것은 어느 한쪽도 버리려고 하지 못하기 때문에 결국 결단을 내리지 못하는 것이다.

결단이란 것은 어느 쪽이든 다른 한쪽을 버리려는 단호한 마음의 결심이다. 즉 "두 마리의 토끼를 쫓다가 한 마리도 잡지 못한다."는 속담과도 통하는 말이다.

결단이 빠른 사람은 일단 자신의 마음을 결정하면 그것을 최선의 결단으로 여기고 즉시 행동으로 옮긴다.

그것이 잘 될 것이라 확신하며 온 정열을 모아 오로지 전진하는 것이다.

이처럼 결단력이 있는 사람도 언제까지나 한 가지 일에만 매달려 있으면 안 된다. 다음 순간에는 그 일에서 '걸음'을 옮김으로써 다음 일로 마음을 돌리는 것이다.

우리에게 주어진 일생의 시간은 무한한 것이 아니다. 그 속에서 수많은 일을 이루어 가기 위해서는 어떤 비결이 있어야 한다. 그 비결이 '결단'이라고 생각한다. 이러지도 못하고 저러지도 못하는 무의미한 우왕좌왕은 걸림돌이 될 뿐 아니라 소중한 시간만 낭비하게 되는 결과를 초래한다. 무엇인가를 버리고 재빨리 결단한 쪽으로 발을 내미는 습관, 이 습관이 요점이다.

우유부단은 주변 사람들에게 그 불쾌한 분위기를 감염시키기도 한다. 그런 사람을 상사로 모시고 있으면 직장의 공기는 밝을 리가 없다. 가정에서도 마찬가지다.

"만약 실패하면 어쩌나." 하는 불확실한 말을 가능한 한 사용하지 않았으면 한다. 자신이 깊이 생각하여 결단을 내린 이상은 그 일이 과연 "잘 되어 갈까?" 하는 식의 의심이나 불안을 가져서는 안 된다.

그리고 자신의 배후에 있는 '피할 길'은 없다고 생각하는 것이 중요하다. '피할 길'을 만들어 두고 실패하면 거기로 도망간다는 식의 생각은 잘못된 것이다.

'피할 길'을 만든다는 것은 이미 실패를 예상하는 것이다.

'나쁜 습관'이라는 오물을
'좋은 습관'이라는 맑은 물로
교체하라

인간에게는 누구에게나 버릇이 있다. 어렸을 때부터 생긴 습관이다. 어른이 되면서 좋지 않은 습관을 고치려고 노력하는데, 오랜 기간에 걸쳐 몸에 깊숙이 밴 나쁜 습관이 일시적인 방법으로 해결될 수가 없다.

오랜 세월에 걸쳐 길들여진 나쁜 습관을 고치는 데에는 많은 시간과 노력이 들어가게 된다. 그러나 성공을 위해서는, 인간답게 대접받고 살기 위해서는 어쩔 수 없이 감수해야 되는 것이 아닌가?

물이 가득 찬 항아리를 보자 그 속에 '나쁜 습관'이라는 오물이 가득 들어 있다. 그 속에 '좋은 습관'이라는 맑은 물을 조금씩 부어가는 것이다. 이렇게 하면 시간이 가면 항아리 안의 물은 맑은 물로 변해갈 것이다.

이제부터 '좋은 습관'이라는 한 잔의 맑은 물로 '나쁜 습관'인 더러운 물을 조금씩 정화시켜가기로 하자. 그렇게 하지 않고 나쁜 습관을 버리지 못하고 또한 좋은 습관을 갖지 못할 때 인생에서 성공의 길은 요원해진다.

인생에서 위대한 성공을 이룩한 사람들은 좋은 습관을 넘어 창조적 습관을 가졌다는 점을 우리는 기억할 필요가 있다.

창의력을 가진다는 것은 어려운 일이 아니다. 창의력은 습관에서 비롯된다.

성공한 사람들은 성공을 위해서 반드시 버려야 할 나쁜 습관을 어떻게 고치거나 버리며, 성공에 필요한 좋은 습관이 무엇이며, 그것을 어떻게 해야 가질 수 있는가 그 방법에 대해서 잘 알고 있다.

한시라도 빨리 나쁜 습관을 버리고 좋은 습관을 가지는 사람은 그만큼 성공을 앞당기게 되는 것이다.

part 3.

창조적인 사고를 갖게 하는
좋은 습관

0301 적극적으로 생각하는 습관

❧

    미래에 우리는 실패하여 불행할 것이라고 생각할 수도 있고, 이와 반대로 성공하여 행복할 것이라고 생각할 수도 있다. 고대 철학자 아우렐리우스는 "인간의 생애는 그 사람의 사고에 의해서 만들어진다."라고 말하였듯이 우리가 생활하고 있는 세계는 외부조건이나 환경에 의해서 결정되는 것이 아니라 습관적으로 우리의 마음을 점유하고 있는 생각에 따라 결정된다.

    생각은 실제 동적인 힘을 가지고 있다. 그래서 어느 심리학자는 인간의 성격이나 운명은 습관적으로 생각하는 대로 되는 경향이 있다."고 말하였던 것이다. 이 실제적인 힘을 경험한 사람은 누구나 그 사실을 인정하게 된다.

    우리는 사고와 생각에 따라 자신을 행복하게 만들 수도 있고, 불행하게 만들 수도 있다.

    우리는 생활하면서 어느 한 방향만 생각하게 되면 그 생각이 지시하는 상태로 계속 유지된다.

또 무엇을 적극적으로 생각하면 적극적으로 결과를 가져오는 힘이 발휘되는 것이다.

적극적으로 생각한다면 적극적인 결과를 가져오는 데 필요한 환경이 조성되고 있다. 이와 반대로 소극적으로 생각한다면 소극적인 결과를 가져오는 환경이 우리 주위에 조성되는 것이다.

그러므로 환경을 만들기 위해서는 먼저 사고방식을 바꾸어야 한다. 불만을 갖고 있는 환경을 마음속에서 추방시켜야 한다. 그 결과를 확신하면서 전력을 다하여 노력한다면 정신적인 영상이 더욱 적극적인 사고력을 만들어내어 우리가 바라는 소원을 실제로 만들어내게 될 것이다.

이것은 바로 법칙이다. 이 법칙을 간단히 표현한다면, "만일 우리가 적극적인 입장에서 생각하면 긍정적인 결과를 가져온다."라고 말할 수 있다. 이것을 더욱 간단하게 표현한다면 "믿는 대로 된다."는 것이다.

마음속에 성공이란 생각을 박아두자

우선 올바른 생각을 가지고 성공이라는 생각을 당신 마음속에 박아두는 것이다. 결코 패배적인 생각을 해서는 안 된다. 소극적이고 부정적인 생각이 들면 긍정적이고 적극적인 사고로 그것을 물리쳐야 한다.

우리가 창조하여 잠재의식 속에 깊이 간직한 마음의 영상은 우리가 그것을 끊임없이 확인하고 효과적으로 작용시킨다면 반드시 실현될 것이다.

목표를 명확하게 설정하는 좋은 습관

목표와 소원을 제대로 구분하지 못하는 사람들이 많다. "해외여행을 하고 싶다."라고 생각하는 것은 소원이다. 그러나 당신이 "이번 휴가 때는 반드시 해외여행을 가겠다."라고 결심하는 것은 목표이다.

목표에는 당신의 의지가 들어 있다. 또한 현실성도 들어 있다.

성공하는 사람은 소원과 목표를 구분하는 사람이다. 목표가 아무리 사소한 일이라도 그것을 이루고자 하는 마음 자세가 그 속에 들어 있는 것이다.

가령 당신이 매일 아침 일어나서 "오늘은 무엇을 하겠다." 하고 스스로 목표를 설정하고 그것을 반드시 이루는 것이다.

일 하나라도 좋으므로 확실하게 할 수 있는 목표를 설정하고 행동에 옮기도록 하는 것이다. 이 목표가 크건 작건 다른 사람이 알면 비웃음거리가 될지라도 당신 나름대로 중요하다고 생각하는 것을 목표로 정하고 계속 이루어 나가는 데에 중요한 의미가 있는 것이다.

자신의 의지에서 우러나오는 목표를 정하라

스케줄은 사람마다 자신의 페이스대로 정한다. 문제는 그것이 자신의 의지에 의해서 정해진 것인가 하는 것이다. 매일 하나라도 좋다. 자신의 의지에서 나오는 작은 목표를 확실하게 생각하라는 것이다. 그 자체가 적극적인 행동을 유발하는 원인이 되기 때문이다. 또 그것이 현실에서 설령 이루어지지 못할지라도 행동으로 옮기는 적극성이 몸에 배게 되고 그것이 습관화되기 때문에 그것만으로도 당신에게 유익하기 때문이다.

어떤 목표든 간에 그 목표를 향해 노력하는 과정에만 인간은 행복을 느끼게 되는 것이다.

0303
매너리즘에 빠지지 않는 습관

❦

세상에 따분한 것만큼 견디기 힘든 것도 없을 것이다. 무엇인가 활기를 자극하는 것이 없으면 산다는 자체가 시시하게 느껴져서 뜻밖에 일을 저지르는 사람이 많다.

우리의 두뇌는 한 가지 일을 계속해서 하면 거기에 숙달하게 된다. 그만큼 능률도 상승한다. 그러나 사고방식이나 행동은 떨어지는 경향이 있다. 이것은 곧 지금까지 해온 행위가 숙달해지는 동시에 어느덧 나태하게 된다는 것이다. 즉 매너리즘에 빠지기 쉽다는 것이다. 그리고 그 일에 싫증을 느끼게 된다. 그렇게 되면 앞에서 말한 따분해서 견딜 수 없는 상태에 이르게 되는 것이다. 이렇게 되면 새롭게 해보겠다는 의욕이 생기기가 어렵게 되는 것이다.

매너리즘에 빠지지 않는 방법

우선 무엇인가 새로운 일을 시작할 때에는 환경을 바꾸어 보는 것도 좋은 방법의 하나이다. 무엇이든지 기분전환을 할 수 있는 것이면 좋다.

소극적인 사람일수록 이런 전환에 서투르기 마련인데, 아무래도 심적인 나태에 빠져버리기 쉽기 때문이다. 그렇게 되지 않기 위해서는 시작이 매우 중요하다.

시작을 효과적으로 하기 위해서는 당신이 자신 있게 할 수 있는 일부터 하는 것이 좋은 방법이다. 아무래도 자신 있는 일을 하게 되면 의욕과 자신감을 갖게 마련이다.

의욕과 자신감은 다음 일을 추진하는 원동력이 된다. 요컨대 의욕과 자신감을 불어넣을 수 있는 일이면 무엇이든지 좋다. 이것은 작은 성공을 밑바탕으로 하여 의욕을 가지고 새롭게 시작하는 것에 주 목표가 있기 때문이다.

소망을 영상화하는 습관

실행하지 않는 착상을 공상 또는 망상이라고 한다. 만약 이런 공상과 망상 속에서 계속 생활하고 있으면서 이것을 깨닫지 못하고 있다면 인생에서 뜻밖에 큰 실망을 맛보게 될 것이다. 그러므로 수시로 자신의 생각과 삶을 점검하여 '실행'과 '착상'을 구분하여야 한다.

막연한 공상에 심취하여 조금도 행동으로 옮기지 못하는 사람이 많으며, 대부분의 사람들도 일시적이나마 이런 현상은 조금씩이라도 갖게 되는 것이다.

자기의 진정한 소원이 무엇인지 구체적으로 알고 있는 사람이 그렇게 많지 않다. 무엇을 해도 좋으니까 잘 먹고 잘 살면 된다는 식으로 생각하고 있다.

이러한 사람들은 무엇을 위해 인생을 살아가는 것인지 분명하지가 않다. 그들은 그들 나름대로 열심히 사는 것 같은데도 불구하고 성공하는 사람이 세상에 많지 않은 것이 바로 이런 이유에서이다.

그렇다면 막연히 열심히 노력하는 것 외에 '무엇인가' 다른 방법을 찾아야 할 것이다. 그 무엇인가가 바로 중요한 것이다. 그 무엇인가가 바로 '인생의 목표'인 것이다. 확고한 목표를 정한 다음 그 목표에 대한 확신을 가지는 것이 무엇보다도 중요하다.

당신의 인생에서 정말 무엇을 얻고자 하는 것인지 그것을 확실하게 정한 다음, '목표를 달성하고 있는 당신의 모습'을 마음의 스크린에 그리는 것이다.

마음의 스크린에 그린다

가령 예를 들자면 당신이 독립하여 한 회사의 사장이 된 모습이나 또는 영업 성적이 우수하여 고속으로 승진하여 고위 간부에 임명받는 모습 등 장기적인 목표나 단기적인 목표를 선명하게 영상화시켜 잠재의식 속에 또렷하게 새겨두는 것이다.

그리고 영상화한 것을 실행으로 옮기는 것이다. 이것은 무엇보다도 중요하다. 영상으로 그린 모습을 단순한 공상으로 끝나게 해서는 안 된다. 자신이 꿈꾸는 모습에 접근하기 위한 구체적인 행동을 시도하지 않는다면 결국 아무것도 아닌 것이 되기 때문이다.

그런데 자칫하면 그 의지가 흔들릴 때가 있다. 혹은 어느 덧 잊어버리기도 한다. 그러므로 정확한 목표를 메모해 두는 것이다. 그리고 그것을 눈에 잘 띄는 곳이나 수첩, 지갑 등에 끼워두고 하루에 몇 번씩 볼 수 있도록 한다.

이런 방법으로 목표를 향한 행동을 시도하고 있는지의 여부를 항상 체크해 보는 것이 좋다. 그것이 당신의 소망을 실천하기 위한 중요한 포인트이다.

매사를 긍정적으로 보는 습관

❧

노벨물리학상을 받은 한 학자의 대담 기사를 읽은 적이 있다. 대담의 테마는 '목표 달성'이었다. 대담 주요 내용은 일본인과 미국인의 사고방식의 차이에 대한 것이었다.

그 학자에 의하면 미국인은 목표가 80퍼센트 달성하면 "매우 좋다."고 하면서 만족감을 표시하고 50퍼센트이면, "좋아."라고 하며, 20퍼센트이면 "OK"라고 말한다.

그런데 일본인의 경우는 미국인과 매우 다르다는 것이다.

80퍼센트 달성해도 "그저 그렇다."라고 평가하고 60퍼센트 정도면 "반성할 여지가 있다."라고 말한다. 일본인들은 100퍼센트 달성하지 않고는 만족하지 않는다는 것이다.

일본인들은 완벽주의가 강해서 잘 실행하지 못한 것에 대해서는 질책을 할 정도로 완전주의를 표방하고 있다는 것이다. 이런 완벽주의가 오늘의 번영 대국을 만든 것인지도 모른다고 그 학자는 말한다.

마이너스 부분에만 집착하는 부정적인 사고방식

실패에만 눈을 돌리는 것은 플러스 사고방식은 아니라는 것이 이 학자의 논리이다. 즉 매사에 잘 풀리지 않는 마이너스에만 매달려 걱정만 한다면 언제까지도 긍정적인 사고방식을 갖기가 힘들다. 그렇다고 마이너스 부분에는 눈을 돌리지 말라고 하는 것은 아니라고 이 학자는 말한다.

실패는 실패대로 냉정하게 대하고 잘 성취된 부분에 눈을 돌리는 것이 긍정적인 사고방식이며 아메리카식 사고방식이라는 것이다.

전체적으로 보아 실패한 것일지라도 그 속에 있는 플러스 면에 눈을 돌리는 습관이 중요하다. 50퍼센트를 실패했을지라도 남은 50퍼센트는 '잘 되어 가고 있다' 라는 플러스적인 사고를 가지라고 이 학자는 말한다.

무의미한 부정적인 면 50퍼센트보다 플러스적인 면 50퍼센트에 눈을 돌리는 습관이 성공에 중요한 사고방식이라고 할 수 있다.

0306
아무리 어려워도
성공을 꿈꾸는 습관을 길러라

❦

자신감을 쌓기 위해 우리가 당장 해야 할 일은 무엇일까?

다음에 열거하는 것은 잘못된 태도를 극복하고 신념을 갖추기 위해 누구나 실천할 수 있는 일곱 가지 항목이다. 많은 사람들이 이 방법을 사용해 성공했다. 이렇게 하면 우리는 자기 능력에 대한 확신을 얻고 새로운 힘을 느끼게 될 것이다.

첫째, 우리의 마음속에 우리가 성공한 모습을 그려보자 그리고 그것이 지워지지 않도록 깊이 새겨두자. 그 인상을 끈기 있게 간직하자. 결코 그것을 흐리게 해서는 안 된다. 결코 실패를 생각해서는 안 된다. 결코 우리의 마음에 그린 그림의 실현 가능성을 의심해서는 안 된다. 의심한다는 것은 가장 위험한 일이다. 왜냐하면 마음은 항상 자기가 그린 그대로 완성하려고 하는 경향이 있기 때문이다. 아무리 어려운 일이 일어날 것처럼 보이더라도 반드시 '성공' 만을 꿈꾸어야 한다.

둘째, 우리 자신의 능력에 대해 부정적인 생각이 떠오르거든, 그것을 쫓아내기 위해 적극적인 생각을 입 밖으로 내어 소리쳐 보라.

셋째, 우리의 상상 가운데 장애물을 쌓아서는 안 된다. 장애물 같은 것은 사소하게 생각하라. 그것을 무시하라. 곤란한 일은 그것을 잘 연구하여 제거하도록 노력하면 된다. 그보다 중요한 일은 곤란을 있는 그대로 보되 불안감을 갖고 부풀려 생각해서는 안 된다는 것이다.

넷째, 타인의 위엄에 눌려 그를 흉내내서는 안 된다. 자신이 타인이 될 수 없는 것과 마찬가지로 어떤 사람도 나 자신이 될 수는 없다. 대부분의 사람들은 겉으로 보기엔 자신 있는 것 같아도 대개는 우리처럼 전전긍긍하고 있으며, 또한 자신의 힘을 의심하고 있는 것이다.

다섯째, 우리가 하는 일을 이해하고 힘이 되어 줄 유능한 조언자를 구하자. 우리의 열등감과 자신에 대한 불신 – 이것은 어린 시절부터 비롯되는 경우가 많다. – 자기 자신을 안다는 것이 열등감에서 벗어나는 첫 걸음이 된다.

여섯째, 매일 열 번씩 다음 구절을 복창하라.
"나는 신념이 있다. 나는 나의 신념으로 모든 것을 할 수 있다." 이 마술적인 말은 이 세상에서 열등감을 제거하는 가장 강력한 치료제이다.

일곱째, 자기의 실제 능력보다 10퍼센트를 더 높여 평가하라. 자기 본위의 독불장군이 되어서는 안 되지만 자존심을 건전하게 높이는 것은 중요하다.

part 4.

창조적으로 일하는 좋은 습관

내 일이
세상에 도움이 된다고 생각하라

힐티는 "태어날 때부터 일하기를 좋아하는 사람은 없다."고 말했는데, 나 역시 이 말에 전적으로 동의한다. 아무리 일을 즐기는 사람이라도, 처음부터 그 일이 좋아서 시작했을 리는 없기 때문이다. 일보다는 아무래도 놀거나 쉬는 쪽으로 마음이 동하는 것이 인간의 본성이다. 하지만 인간은 일하지 않으면 안 되기에, 싫은 것이라고 마다해서는 세상을 살아나갈 수 없다.

누구나 자기가 좋아하는 일에 종사하고 싶을 것이다. 그러나 실제로는 그런 직장에서 일하고 있다고 생각하는 사람은 그다지 많지 않다. 먹고 살기 위해 직장은 반드시 가져야 한다는 생각이 우선이기 때문이리라.

그렇다고 싫어하는 일을 억지로 할 수도 없는 노릇이므로, 사람들은 대부분 좋아할 정도까지는 못 되더라도 최소한 싫어하지 않는 선에서 적절하게 타협하고 있는 경우가 많다.

사람은 무엇보다 자기 자신을 위해 일한다. 독신생활을 하는 사람이라면 거기서 그쳐도 상관없다. 그러나 결혼을 하고 아이를 낳으면, 가족을 위해서라도 일을 그만둘 수 없다. 요즘은 맞벌이를 하는 부부가 많아서 누군가 혼자 경제적 부담을 전부 짊어질 필요는 없다지만, 그렇다고 결혼 전처럼 혼자 먹고 쓸 것만 벌어야겠다고 생각하고 일할 수는 없다.

따라서 독신 생활을 할 때보다 훨씬 더 부담이 커진다. 그리고 이런 사실이 마음의 짐으로 작용하는 한편, 자기가 진짜 하고 싶은 일은 따로 있다는 생각에 우울해져서 슬럼프에 빠지기도 한다. 하지만 생각의 방향을 바꿔보면 놀랍도록 다른 사실이 눈에 띈다.

사람은 자기만 건사하고 살면 된다고 생각하면 무슨 일에서든 최선을 발휘하지 않는 경향이 있다. 최선을 다하거나 때로는 없는 힘까지 끌어내서 어떻게든 해보려고 애쓰지 않아도 그럭저럭 굴러갈 때가 많기 때문이다. 그러다 보니 "이것으로 충분해."라든지 "이 정도가 아마 내 능력의 한계인가 보다." 하며 뭐든 중도에 포기하기 쉽다.

그러나 자기가 하는 일에 사랑하는 가족들 여럿이 먹고사는 문제가 달렸다고 생각하면, 혹은 다른 의미를 부여하게 된다면 회사일이 너무 힘들거나 재미없어서 그만두고 싶은 마음이 굴뚝같더라도 그렇게 쉽게 사표를 던지지 못한다. 아주 능력이 뛰어나거나 운이라도 좋아서 새로운 직장이 보장되어 있지 않는 한, 싫든 좋든 그 회사에서 계속 일할 수밖에 없는 것이다.

힐티는 또 이런 말을 했다.

"근면은 감정적인 나태보다 한층 더 강한 동기가 없으면 생겨나지 않는다. 그리고 그 동기는 항상 두 가지 종류가 있다. 낮은 수준의 동기는 욕정, 특히 명예심이나 탐욕, 생활을 유지해야 하는 필요성 등이다. 높은 수준의 동기는 일 그 자체나 사람들에 대한 사랑, 책임감이다. 이 가운데 높은 수준의 동기는 오래 지속되는 성질이 있는데, 꼭 결과에 구애받지 않는 특징도 가지고 있다. 따라서 실패한 후 질려서 싫어진다거나, 성공한 후 만족감을 얻어도 열정이 식는 법이 없다."

다시 말해, 사람이 일을 하는 것은 사랑하는 사람에 대한 책임감 때문이며, 더욱이 일 자체가 남에게 도움이 된다고 생각하면 더러 실패하는 경우가 있을지라도 거기에 굴복하지 않고 계속 일을 해나갈 수 있다는 뜻이다.

자신만을 위한 일이 아니다

거듭 강조하지만, 자기만을 위한 일이라면 '이제 그만둬야지' 하는 시점에서 의욕이 꺾이기 쉽다. 하지만 자기가 하는 일이 '사랑하는 사람을 위해서.'라는 생각을 하면 그렇게 쉽게 포기하지는 못한다.

시련이 있더라도 포기하지 않고 한 우물을 파는 것이 중요하다. 기본적으로 10년 정도는 한 분야에서 일을 해야 진정한 창의력이 발휘된다고 하지 않던가? 이렇게 견뎌내는 것이 중요하다. 사실 견뎌내는 것이 힘들지, 일 자체가 힘든 것은 아닐 때도 많다.

0402
쉽고 단순한 일부터
30분만 투자하라

뭔가 시작해야 하는데 자기도 모르게 자꾸만 꾸물거리면서 좀처럼 일에 착수하지 못하는 사람이 있다. 그런 사람은 무슨 일이든지 되도록 뒤로 미루려고 한다. 무슨 일이든 마감 시간이 있으므로 막바지에 다다르면 마무리를 지을 수밖에 없다. 그러다 보면 시간에 쫓겨 얼렁뚱땅 일 처리를 하거나 빠져나갈 구멍을 찾으려고 발버둥치다가 결국에는 두 손 두 발 모두 들고 만다.

그 다음에는 무슨 일을 맡더라도 주변 사람들로부터 신망을 받지 못한다. '일 처리를 꾸물꾸물 하는 사람' '신뢰할 수 없는 사람'이라는 딱지가 붙을 수도 있다.

이와 다르게 너무도 완벽하게 일처리를 하고자 하는 마음 때문에 처음부터 정확하게 방향을 결정하지 못하면 아예 일에 착수하지 않는 사람도 있다. 그러나 후자보다는 아무래도 전자의 이유로 꾸물거리는 사람이 많은 편이다.

하고 싶지 않은 일은 아무래도 뒤로 미뤄지기 쉽다. 자기가 좋아하는 일을 하면서도 꾸물거리는 사람은 아마 없을 것이다. 시시하게 생각되거나 혹은 간단히 끝날 일이 아니어서 선뜻 덤벼들지 못하는 경우도 있다.

어떤 일이든 처음 시작이 어려운 법이다. 따라서 꾸물거리는 사람이 되고 싶지 않다면, 우선 당장 해결해야 할 일부터 차근차근 처리하는 것이 좋다. 일단 착수하고 나면 그 다음부터는 마음이 편해지고 일에도 속도가 붙는다.

그런데 또 꾸물거리는 사람은, 빨리 처리해야 하는 일일수록 잘 해야만 한다는 부담이 마음을 심하게 짓눌러서 막상 일은 하지는 못하고 쓸데없이 덤벙거리기만 한다. 그리고 왠지 모르게 의욕을 잃고 말아서 시간만 질질 끌게 되므로 좀처럼 일이 진행되지 않는다. 그러다 보니 다른 일에도 영향을 미쳐서 모든 일이 덩달아 늦어지고 만다.

해야 할 일을 앞에 두고도 도저히 의욕이 생기지 않을 때는 일단 가장 쉽고 단순한 일을 찾아 시작하는 것도 하나의 요령이다. 30분 정도만 시간을 투자하면 일하기 좋은 상태로 몸이 풀리게 된다. 그렇게 한 다음 의욕이 조금 솟아났을 때 시급히 처리해야 하는 일에 착수하면 된다.

갑자기 과격한 운동을 하면 오히려 몸이 말을 듣지 않거나 여기저기 쑤시는 것처럼, 머리로 하는 일도 마찬가지이다. 따라서 완전히 가동할 수 있는 상태를 갖추지 못한 머리에 준비운동을 시킨다는 자세로 각자 자기 나름대로 요령을 궁리해보는 것은 어떨까?

기세를 가지고 일하라

무슨 일을 하던 '기세'라는 것이 필요하다. 아침부터 어렵고 하기 싫은 일을 하는 것은 좋은 방법이 아니다. '꼭 해치워야지.' 이렇게 생각하면서도 꾸물거리다 보면 다른 일에도 여파가 미쳐서 결국 오전 중에는 일다운 일은 아무것도 못하게 된다. 그러므로 아침에는 우선 쉽게 할 수 있는 일부터 처리하는 편이 낫다.

손쉽게 처리할 수 있는 간단한 일부터 시작한 다음 기세가 물오르면 그 기세를 몰아 어려운 일에 착수하는 것이다. 무엇보다도 중요한 것은, 어떤 일이 되었든 과감하게 우선 시작부터 하고 본다는 자세로 일에 덤벼드는 것이다.

스위스의 철학자 힐티는 〈행복론〉에서 이렇게 적고 있다.

"무엇보다 중요한 것은 일을 뒤로 미루지 않는 자세이다. 그러기 위해서는 몸 상태가 좋지 않다거나 쉽게 손이 가지 않는다거나 하는 등의 핑계를 대지 말고, 날마다 적당한 시간을 할애해 꾸준히 일을 해야 한다."

0403
마감일을 정확하게 하는 습관

✦

　예전 어떤 곳에 세 사람의 벽돌공이 있었다. 세 사람을 향해 어떤 사람이 다음과 같은 질문을 하였다.

　"당신은 여기서 무얼 하고 있습니까?"

　첫 번째 벽돌공이 "보시는 바와 같습니다. 벽돌을 쌓고 있지요."라고 답변하였다. 두 번째 벽돌공은 "하루 품삯을 벌기 위해 일하지요."라고 답변하였다. 세 번째 벽돌공은 꿈을 꾸듯 밝은 표정으로 하늘을 우러러보면서 "여기에 근사한 건물이 들어설 것입니다. 영원히 후세에 남을 대성당이 말입니다. 이 지역 사람들의 가슴에 오아시스가 될 대성당이지요. 전 그것을 위해 이토록 부지런히 벽돌을 쌓는 중입니다."라고 답변하였다. 그의 이야기는 계속되었다. "저는 지금 벽돌공을 하면서 야간학교에 다니고 있습니다. 건설 설계 공부를 하기 위해서지요. 지금은 별 보잘것없는 벽돌장이에 지나지 않지만 두고 보십시오. 장래에는 틀림없이 일류건축가가 돼 있을 테니까요. 그것을 위한 첫걸음으로서 우선 내년 중에 자격시험을 치를 겁니다."라고 눈을 빛내면서 확신에 찬 말투로 말했다.

이 이야기는 우리들에게 하나의 교훈을 주고 있다. 두 사람의 벽돌공은 이렇다 할 목적 없이 그날그날을 살아가는 인생이다. 때문에 두 벽돌공은 평생 큰 빛을 볼 수 없을 것이다.

한편 자신의 목표를 선명하게 그리고 있는 세 번째 벽돌공은 결코 벽돌공에만 머무르지는 않을 것이다. 반드시 그 목적을 달성하여 성공할 것이 틀림없다.

"목표를 정하고 그것을 위해 노력하는 과정에서 인간의 행복은 존재한다."

반드시 목표를 세우는 습관

이 말은 우리 인생에 있어서 목표 설정의 중요성을 가르치고 있는 교훈이다.

동서고금을 통한 발명, 과학적인 발견, 기술 개발, 사업의 성공 등 이 모든 것에는 공통점이 있다. 그것은 그 발명과 발견을 한 사람들이 '명확한 목표'를 지니고 있었다는 것이다. 때문에 그것이 실현될 수 있었다.

우리 인생에 있어 목표 설정은 무엇보다 중요하다. '톱 세일즈'라고 일컬어지는 영업인들은 다음과 같은 말을 한다.

"우리는 어떻게 하면 매상을 더 올릴 수 있을까만 생각합니다. 그러나 그저 단순히 매상의 상승만을 외쳐서는 성적이 올라가지 않습니다. 따라서 그것의 실현을 위해 상세한 숫자와 마감일을 엄밀하게 설정하는 것입니다. 그렇게 하면 강한 힘이 솟아나서 잇달아 목표를 달성해 갈 수 있습니다. 특히 마감일이 박두해서는 그 기세가 대단합니다."

하고 싶은 일을
먼저 시작하는 습관

❧

"하나에서 열까지 이 정도면 완벽하다는 시점에서 시작하려면 언제까지 아무 일도 할 수 없다."

이것은 어느 철학자가 쓴 〈철학적 인간학〉에 나오는 한 구절로서 요리조리 변명을 하여 좀처럼 행동을 개시하려 들지 않는 사람을 질타하는 말이다. 사업의 경영자, 샐러리맨, 교육자, 과학자, 기술자, 서비스업 종사자 등등 세상에는 각종 다양한 직업의 사람들이 있다. 그러나 어느 분야의 사람이든 간에 다음의 두 가지 유형으로 나눌 수 있을 것이다.

하나는 '성공자'의 그룹이며 또 한 그룹은 '성공하지 못하는' 사람들의 그룹이다. 이 양자를 분리하는 것은 무엇일까? 그것은 '행동력'의 차이라고 생각한다. 성공자들은 모두 행동이 적극적인 반면 성공하지 못하는 사람, 즉 아무리 세월이 흘러도 역경에서 헤어나지 못하는 사람은 소극적이다. 이것의 차이는 정말로 결정적이다.

소극적인 그룹의 사람들은 여러모로 변명을 둘러대면서 자신의 처지에서 새로운 약진을 도모하려 들지 않는다. 앞서 언급한 어느 철학자의 말 대로이다.

"아직은 완벽하다 할 만큼의 준비를 못했기 때문에…"라고 변명을 하며 행동에 옮기지 않는 것이다. 할 수 없는 이유를 나열하는 데 명인이라고 할 수 있다. 예를 들어 책상 위에 서류가 산더미처럼 쌓여 있다고 가정하자. 어디서부터 손을 대면 좋을지 자신도 당황할 것이다. 그럴 때 적극적인 사람들은 우선적으로 자신이 손쉽게 할 수 있는 것부터 손대기 시작한다. 하여간 그 산더미 같은 서류 전부를 한 번에 모두 처리할 수는 없는 것이다. 때문에 먼저 할 수 있는 것부터 순서대로 하나씩 처리해 나가야 한다. 그렇게 함으로써 일이 원활하게 풀려가며 척척 해치우게 되는 것이다.

적극적인 사람과 소극적인 사람과의 차이

적극적인 사람들과 소극적인 사람들의 차이는 모든 행동에서 나타난다. 적극적인 사람들은 그 자리에서 처리하는 것을 항상 염두에 두고 있다. 그리고 그것의 부산물로 신뢰와 자신감을 얻게 된다. 나아가서 고수입도 얻게 되는 것이다. 그런가 하면 약간의 실패를 맛보기만 하여도 곧 변명을 둘러댈 구실을 찾는 사람이 있다. 그는 비겁자라 할 수 있다. 그러나 변명을 하지 않을 만한 행동을 한다면 그런 일은 없을 것이다.

그렇기는 하지만 그런 사람들을 너무 몰아세우는 것도 좋은 일은 아니라고 생각한다. 당신에게 변명을 하고 싶어 하는 사람이 있다면 순수하게 들어주도록 하라. 하지만 자기 자신에게만은 결코 나약한 변명을 하지 않길 바란다.

"남의 변명을 들어 주어라."고 하면서 또 한편으로는 "자신에게는 변명하지 말라."는 두 개의 사고방식은 무엇인가 서로 모순되는 것처럼 느껴진다. 그러나 이것은 '자신에게는 엄격하게, 그러나 남들에게는 엄격하지 않게'라는 자세의 표출이기도 하다. 진정으로 적극적인 인간이란 이와 같은 플러스 사고를 지닌 사람이 아닐까.

0405 중요한 일은 가장 능률적인 때에 처리하는 습관

❧

인간의 두뇌 활동이 가장 활발할 때는 오전 10시와 오후 3시라는 설이 있다. 그러나 사람에 따라 각각 다르다고 할 수 있다.

사람에 따라서는 그 시간이 2,3시일 수도 있고, 5시, 혹은 6시일 수도 있다. 또한 밤일에 종사하는 사람이라면 늦은 밤이 가장 집중이 잘 되는 시간일지도 모른다.

그러므로 10시라든지 3시가 가장 좋다는 설은 일반적인 샐러리맨이나 학생을 대상으로 한 것이라 생각된다. 그들의 기상 시간에서 유도된 것이리라.

하여간 같은 하루 중에도 두뇌의 활동이 활발해지는 시간대와 그렇지 않은 시간대가 있음은 확실하다. 그러나 그것은 사람에 따라 다양하다는 것은 앞에서 언급한 대로이다. 여기서 주장하고 싶은 것은 자신의 가장 능률적인 시간이 언제인지를 확실하게 알아둘 필요가 있다는 것이다.

자투리 시간대에는 그다지 중요하지 않은 일, 예를 들자면 서류 정리라

든지 전화하는 일 따위에 충당한다. 그리고 자신이 가장 능률적인 시간이
라고 생각할 때 가장 중요한 일을 처리하는 것이 이상적인 업무 처리 방식
이라 생각한다.

part 5.

친근한 이미지를 만드는
좋은 습관

0501 인사를 잘하는 습관

꒰ ❀ ꒱

얼굴만 아는 정도이고 그다지 친하지 않은 사람이 저쪽에서 걸어오고 있다. 점점 당신에게 다가온다.

당신이라면 저편에서 걸어온 그 사람에게 "안녕하십니까!"라고 먼저 인사를 하겠는가?

인사의 참된 의미는 무엇일까? 그것은 나 자신이 마음을 열고 상대에게 다가가는 것이 아닐까 생각된다.

그러나 우리는 자신 쪽에서 먼저 상대에게 말이나 인사를 건네는 습관은 거의 없다. 특히나 우리나라 사람들은 낯선 사람에게 자신이 먼저 "안녕하십니까!" 하고 선뜻 말을 건네지 못한다.

친숙한 인사에는 반드시 답례가 온다

누구든 이쪽에서 먼저 "안녕하십니까?" 하고 인사를 한다면 친숙하게 "안녕하십니까!"

하고 반응을 보일 것이다.

물론 직장에서 늘 얼굴을 마주대하는 동료에게도 먼저 인사를 건네 보도록 하라. 상대가 기뻐할 만한 말을 덧붙인다면 더할 나위 없이 좋을 것이다.

예를 들어 당신이 남성이라면 당신 부하인 여직원에게 "좋은 아침이군! 오늘은 유난히 예뻐 보이는데!" 이 정도의 말이면 충분하다고 여겨진다.

그 밝은 한 마디가 포인트다. 칭찬받는 데 화낼 사람은 없다. 그 여직원은 당신에게 호감을 갖고 업무에서도 좋은 협력자가 되어 줄 것이다.

강사로 출장을 간 D씨가 어느 날 혼자서 주점에 들어갔을 때의 일이다.

"이 자리에 앉아도 될까요?" 하고 옆 좌석에 앉아 있는 손님에게 말을 건넸다. 상대는 "어서 앉으세요." 하며 앉도록 손짓을 했다. 그가 자리에 앉자 그 손님에게 "실례지만 이 지방분이십니까?" 하고 미소를 지으며 물어보았다. 그도 웃으면서 그렇다고 대답했다. 이윽고 초대면이라고 여겨지지 않을 만큼 두 사람은 이야기가 진전되어 갔다.

그 손님은 어느 회사의 교육 담당자였다. 주점에서 우연히 옆자리에 동석하게 된 것이 인연이 되어 D씨는 훗날 그 회사의 사원연수강사로 근무한 일도 있다. 그리고 그 후 그 회사의 전속강사로 계약을 맺었다. 그저 말 한마디 건넨 것뿐인데 인연이란 정말 신비로운 것이다.

이쪽에서 마음을 열고 다가가면 상대 쪽에서도 접근해 오게 마련이다.

이런 성공 체험을 여러 번 거듭하게 되면 자신의 행동에 자신이 붙게 되고 적극성도 붙게 된다. 외국인으로부터 우리나라 사람들은 상냥함이 부족하다는 얘기를 자주 듣는 편이다. 과연 수긍이 가는 이야기이다.

이제부터는 상냥하게 먼저 말을 건네 보도록 하자. 먼저 인사하는 습관을 들이면 생각지도 못했던 좋은 일이 생길 것이다.

0502
베풀 줄 아는 습관

✦

"인간은 자신에게 큰 지장이 초래하지 않는 범위 내에서 가능한 남에게 친절하게 보이기를 원한다."는 구절이 어느 소설에 나온다. "남에게 친절을 베푼다."라기보다는 그런 행동에 의해 자신이 돋보이는 뿌듯한 감정 때문일 것이다.

반대로 다른 사람의 악담을 하거나 남의 가슴에 상처를 주면서까지 비난과 욕설을 퍼부어대는 사람도 있다.

또 남의 결점을 들추어 수치를 당하게 하고는 그것을 못내 즐거워하는 사람도 있다. 다른 사람을 깎아내림으로써 자신은 대단한 인물처럼 착각하는 사람도 적지 않은 세상이다.

"인간에게는 타인의 행복을 기뻐하는 마음이 있는 것과 동시에 경우에 따라서는 타인의 불행을 기뻐하는 일면이 존재한다. 인간은 그런 모순 속에서 살고 있는 것이다."

이 한 구절에서도 알 수 있듯이 인간에게는 냉혹한 일면이 자리잡고 있다. 다른 사람이 뼈아픈 실패를 맛보았음에도 그것을 내심 기뻐하기도 하는 것이다. 또 자신의 라이벌이 성공이라도 하면 질투와 시기에 가슴을 태우기도 한다.

하지만 이런 본성을 그대로 방치만 한다면 자신의 발전에 아무런 플러스가 되지 못한다. 자신이 밝고 적극적인 사고의 소유자가 되기를 원한다면 타인의 좋은 면을 인정해 주어야 한다. 그리고 밝은 표정으로 다른 사람을 칭찬해주도록 노력하라.

남의 결점을 들추어낼수록 자신이 우월하다고 느끼는 사람이 있다. 하지만 그것은 착각에 불과할 뿐이다. 결과는 완전히 정반대인 것이다.

남의 악담을 듣고 있는 상대는 설혹 그 당시는 즐거운 듯 응수를 해올지 모른다. 그러나 사실은 그것이 아니다. 타인의 악담을 늘어놓는 비열함에 고개를 흔들지도 모를 일이다.

"남을 비하시키는 자는 자신도 비하된다." 이 말을 항상 염두에 두도록 하자.

친절을 베푸는 것은 아름다운 일이다

남에게 친절을 베푸는 것은 아름다운 일이다. 그러나 '저 사람에게 친절하게 대해주면 내가 곤란할 때 도와주겠지.' 하는 속셈을 품고 베푸는 친절은 좀 생각해 볼 문제이다. '곤경에 처할 때가 올지도 몰라.' 라는 예상은 곤경에 처할 때를 불러들이기 십상이다.

앞에서도 언급했듯이 그것은 '인과의 법칙' 이기 때문이다.

줄 때는 즐겁게 한껏 베풀어 주는 것이 중요하다. 돈에 여유가 있는 사람이라면 돈이나 물질로 곤궁한 자를 도울 수 있다. 그러나 줄 수 있는 것은 반드시 돈이나 물질만이 아니다. 아무렇게나 벗겨져 흩어져 있는 다른 사람의 구두를 정연하게 바로잡는 것도 마음에서 우러나오는 친절이다.

낙심하여 곤궁에 처한 사람에게 진심에서 우러나오는 따뜻한 말 한마디는 커다란 위로가 된다. 이런 것이야말로 아름다운 친절의 표본이라 할 것이다.

'남에게 베풀어서 자신이 커진다.' 라는 말을 잊지 말고 명심해야 할 것이다.

0503
"감사합니다."
라는 말을 자주 하는 습관

❧

　"감사합니다.", "고맙습니다.", "죄송합니다."라는 표현에 익숙해지자. 감사를 받을 만큼 상대방에게 친절을 베풀었는데도 상대방은 당연한 듯이 그냥 가 버리는 경우 몹시 쓸쓸한 기분을 누구나 한두 번 경험해 보았으리라. '아니, 누구 때문에 돈을 벌었는데 건방진 놈 같으니.'라고 생각하면서 말이다.

　"감사합니다."라는 표현에 돈이 들어가는 것도 아니고 그렇다고 자존심이 굉장히 상하는 것도 아닌데 우리는 "감사합니다."라는 표현에 너무 인색하다. 그 이유는 이런 용어를 사용하는 것이 익숙하지 않기 때문이다.

　인사라는 습관도 평소 익숙하지 않으면 제대로 되지 않는다. 마찬가지로 평소의 대화에 "고맙습니다."라고 말하는 습관을 들이지 않았다면 이역시 쉬운 일이 아니다. 상대방의 자존심을 살려주고 친근감을 줄 수 있으면서 거기에 은혜를 입었다는 의미까지 가장 강력하게 전달할 수 있는 용어가 바로 "감사합니다."라는 말이다.

우리는 아침에 일어나 세수를 하고 밥을 먹고 회사에 출근한다. 물론 학교 가는 사람도 있고 자영업을 하는 사람 등 일상적인 삶의 유형은 사람마다 다르다. 그렇다면 질문을 해보기로 하겠다. 과연 당신은 하루에 몇 번 정도 "감사합니다."라는 말을 했는지 생각해 보라.

만약 지금까지 생각해 보지 않았다면 지금 이 순간부터 "감사합니다."라는 표현을 얼마나 많이 했는지 세어 보자. 많아야 하루에 한두 번에 불과할 것이다. 거의 안 하는 사람도 많다.

물론 직업에 따라 "감사합니다."라는 표현을 많이 해야 하는 경우도 있다. 호텔 직원, 텔레마케팅 관련 직원, 판매 사원, 보험회사 직원 등은 "감사합니다."라는 표현을 많이 써야 한다. 문제는 이런 유형의 직업을 가지고 있지 않은 사람은 "고맙습니다, 감사합니다."라는 용어를 거의 사용하지 않는다는 것이다.

"감사합니다."라는 표현은 고객에게만 사용하는 것이 아니다. 지난 밤 아무 탈 없이 잠을 잘 잔 나 자신도 어떻게 보면 고마운 일이고, 아침에 식사를 준비해준 아내에게도 감사해야 하며, 밥을 맛있게 먹어준 남편도 아내의 입장에서 보면 감사한 것이다.

이뿐인가. 목적지까지 태워다준 택시 기사도 "감사합니다."라는 인사를 받아야 할 사람이다. 마찬가지로 택시 기사 역시 자신의 택시를 이용한 고객에게 "감사합니다."라고 말해야 하지 않겠는가. 음식점에서 식사하고 계산을 하고 나올 때, 전화를 받을 때 등 모든 상황에서 "감사합니다."라는 표현이 필요하다.

친근감을 주는 말 "감사합니다."

"감사합니다."라는 표현은 무척이나 친근감을 준다. "감사합니다."라는 말에 익숙한 사람은 불평불만도 많지 않다. 일을 하면서도 짜증을 내지 않으며, 윗사람에게도 좋은 인상을 심어줄 수 있다. 친구 사이에도 '고맙다'는 말을 자주해 보라. 당신을 대하는 친구의 눈빛이 달라질 것이다.

"저 사람은 고마움을 모르는 사람이야."라는 말을 듣는 순간 당신은 주변으로부터 외톨이가 된다는 사실을 명심해야 한다. 오늘 하루도 '감사'하는 마음가짐으로 일을 시작하자.

0504 칭찬하는 습관

❧

"하는 일마다 왜 그 모양이야?", "조금 잘 할 수 없어?", "해고감이야!" 사실 직장 다니는 사람치고 이런 말 한두 번 들어보지 않은 사람은 드물 것이다.

상사에게 이런 말을 듣는 순간 '당장 때려치워야지. 여기 아니면 일할 곳이 없나' 속으로 이런 생각을 많이 했을 것이다. 그러나 꾸지람을 듣고도 참을 수밖에 없다.

사람들은 칭찬할 일이 생겨도 칭찬에 익숙하지 않기 때문에 말로 표현하는 경우가 많지 않다. 얼마 전 직장인들을 대상으로 상사에게서 듣고 싶은 말을 조사해 보았더니 1위가 "수고했어, 정말 잘 했어.", 2위는 "역시 자네야. 자네가 한 일이니 틀림없겠지."라는 결과가 나왔다고 한다. 직장인들이 얼마나 상사의 칭찬에 목이 말랐으면 통계조사에서도 이런 결과가 나왔겠는가.

칭찬이란 나를 인정해주는 것

그 이유는 간단하다. 칭찬이란 나를 인정해주는 것이기 때문이다. 자신을 인정해주는데 싫어할 사람이 어디 있겠는가. 그러나 칭찬도 방법에 따라 강도가 달라질 수 있다. 나이가 지긋한 중년 부인이 동창회 모임에 나가서 친구들에게 "야, 아직도 젊다. 젊은 비결이 뭐야?"라는 말을 들었다면 아마 기분이 좋을 것이다. 그러나 수영장에 가서 수영강사로부터 "나이에 비해 너무 젊어 보이시는데요."라는 말을 들었다면 친구들에게 들은 말보다 백 배, 천 배 더 기분이 좋을 것이다.

이처럼 칭찬이라는 것은 상대에 따라 강도가 달라진다. 매일 보는 부인이 "당신 오늘따라 멋있어 보이는데."하면 남편은 "무슨 쓸데없는 소리야."라고 퉁명스레 핀잔을 줄 수도 있다. 물론 쑥스러워서 그렇겠지만 말이다.

그러나 거래처에 갔는데 카운터의 아리따운 젊은 여직원에게서 "사장님 참 젊어 보이시는데요, 넥타이 색깔이 잘 어울려요."라는 말을 들었다고 치자. 아마도 그날은 기분이 너무 좋아 하루 종일 시간이 어떻게 지나가는지도 모를 것이다.

이렇듯 칭찬을 들을 때도 그 상대가 누구냐에 따라 칭찬의 느낌이 다르다. 또한 아무리 좋은 칭찬이라 할지라도 잘못하면 오히려 상대방으로부터 오해를 받거나 미움을 살 수도 있다.

"정말 잘 해.", "미스 김은 정말 미인이야." 이런 말을 한 사람한테만 하는 것이 아니라 만나는 사람마다 상투적으로 사용한다면, 이런 말을 들은 상대방은 "우리 과장님은 아무 여자에게나 모두 미인이래."라면서 과장의 칭찬을 달갑게 생각하지 않는다. 오히려 칭찬 속에 다른 속셈이 들어 있다고 생각하거나, 번지르르하게 말만 잘한다는 생각을 심어주기 쉽다.

칭찬은 많이 하면 할수록 좋지만 칭찬의 이유가 분명해야 칭찬을 듣는 사람이 기분 좋을 것이다. 그리고 칭찬은 길게 하는 것이 아니고 짧게 해야 상대방이 좋아한다.

예를 들어 엘리베이터 안에서 우연히 "이봐, 박과장. 보고서 보았는데 역시 잘했어."라는 말을 부장님이나 사장님으로부터 들었다면 박 과장은 무척 기분이 좋다. 이렇게 우연히 마주쳤을 때 면전에서 칭찬하면 기분이 더 좋다.

또 한 가지는 칭찬할 일이 있으면 그 자리에서 바로 하는 것이 좋다. "그래, 잘했어. 역시 미스 김한테는 안 되는 것이 없어."라고 즉시 말한다. 그 자리에서 바로 칭찬하지 않고 며칠 지난 뒤에 "그래, 잘 했어."라고 해보자. 미스 김의 입장에서는 '아니, 그게 언제 적 일인데 지금에서야……' 라면서 칭찬을 듣고도 별로 반가워하지 않는다.

그리고 사람들이 칭찬을 할 때 빠뜨리기 쉬운 것 중 하나가 과정을 중요시하지 않고 결과만 가지고 칭찬한다는 것이다. 사실 결과가 중요하긴 하지만, 바라는 결과가 나오지 않았더라도 최선을 다했다면 그 과정 또한 상당히 중요하다.

"김 과장, 수고했어,."라는 사장의 말 한마디는 김 과장을 더욱 분발하게 하는 것은 물론이고 사장을 다시 보게 한다. 그러나 사장이 "그것 봐, 결과가 안 나오잖아. 내가 뭐라고 했어?"라면서 결과만 따진다면 사장의 경영 능력 이전에 리더십에 큰 문제가 있다고 본다.

칭찬은 사람을 기분 좋게 할 뿐만 아니라 대인관계에도 큰 영향을 미친다. 나폴레옹은 칭찬의 말을 싫어한다고 한다. 그러나 어느 날 부하에게서 "각하, 저는 각하께서 칭찬 받기를 싫어하시는 그 부분을 너무 좋아합니다."라는 말을 듣자 칭찬을 싫어하던 나폴레옹은 그만 그 한마디에 감탄했다고 한다. 칭찬의 위력이 얼마나 센지 가히 짐작할 수 있는 이야기다.

그러나 칭찬 속에 어떤 속셈이 도사리고 있는 경우도 있다. 그래서 지나치게 칭찬하다 보면 '아니, 이 사람이 무슨 속셈이 있나?' 라고 의심받을 수 있다는 사실도 명심해야 한다.

어느 날 숲 속에 치즈를 입에 문 까마귀 한 마리가 나타났다. 이 장면을 본 여우가 나무 위에 앉아 있는 까마귀에게 급히 달려와서 말했다. "까마귀님, 의상이 정말 멋있고 얼굴도 잘생겼습니다. 거기에다 목소리도 무척 아름답습니다. 지금까지 들어본 목소리 중 가장 아름답습니다. 한 번만 노래를 불러주시지 않겠습니까?" 그러자 까마귀는 노래를 불렀고, 그 바람에 입에 물고 있던 치즈가 땅에 떨어졌다. 여우는 이 순간을 기다렸다는 듯이 즉시 치즈를 물고 도망갔다는 이야기가 있다.

이 이야기처럼 칭찬 속에 무언가 내막이 숨어 있는 경우도 있으므로 칭찬의 진위를 잘 파악해서 속아 넘어가는 일이 없도록 해야겠다. 하지만 진심어린 칭찬은 상대에게도 전해지는 법이므로 칭찬을 겉으로 표현하는 좋은 습관을 들이도록 평소에 노력해보자.

0505
미소 뒤에는 성공이 따른다

❧

　세일즈맨 출신으로 수백만 달러 규모의 자산을 보유한 기업의 기업주가 되었던 유명한 어떤 사람에 관한 이야기이다.

　그의 사무실을 방문한 사람은 우선 벽을 장식하고 있는 값비싼 그림들과 격조 있는 사무실 분위기에 사로잡힌다. 하지만 누구나 할 것 없이 궁극적으로 눈길이 머무는 곳은 그 사람의 책상 뒷벽의 중앙에 걸려 있는 표어이다.

　'미소를 지어라!'

　커다란 기업을 소유한 그가 자신의 사무실에서 가장 잘 보이는 곳에 붙여둔 이 표어에는 그만한 사연이 있었다.

　"약 30년 전에 내가 이 일을 시작하던 무렵에는 하루에 16시간에서 18시간이나 일을 해야 했습니다. 사무실이라고 해야 지붕이나 다락방을 개조한 형편없는 규모였지요.

　여름에는 계란을 삶을 듯이 더웠고, 겨울에는 얼어붙는 듯한 추위가 몰아쳤습니다. 아내는 그 사무실 구석에 쪼그리고 앉아 단 두 장밖에 없는 나의 팬티를 누더기가 될 때까지 꿰매곤 했습니다.

백화점의 판매원으로 근무하고 있던 그녀의 몇 푼 되지 않는 급료로 방 값을 지불하고 식료품을 구입하지 않으면 안 되는 경우도 몇 번이나 있었습니다.

그런데도 상황은 좀처럼 나아지지 않았습니다. 이건 실패다 싶은 생각이 들더군요. 난 집에 들어가 아내에게 이야기했습니다. 모든 게 틀렸다고요.

그런데 오히려 아내는 앞으로 6개월 동안만 더 기다려 보자고 나에게 애원하는 것이었습니다. 그녀는 내가 희망을 잃지 않도록 해주었죠.

어느 길 할 것 없이 오르막길은 가장 험난한 과정입니다. 그러나 아내는 우리가 최선을 다하고 나면 언젠가는 그 희생이 보상되는 날이 찾아올지도 모른다고 믿었던 것입니다.

그로부터 며칠이 지난 어느 날, 그녀는 아무 말 없이 내 책상 위에 저 표어를 걸어 놓았습니다. 그것은 나에게 잠시 동안의 고난을 잊기 위해 마음을 편하게 가지라는 뜻이었습니다. 어려울 때일수록 웃으라는 뜻이기도 했겠지요.

나는 신경을 날카롭게 하는 사람과 거래상의 이야기를 하지 않으면 안 될 때는 언제든지 그것을 보기로 했습니다. 그러자 이상하게도 유머가 되살아나게 되는 것이었습니다.

이제는 어떤 일에 실망을 했을 때도 저절로 저 글 쪽으로 눈길이 가게 되었습니다. 그것은 나와 나의 사업 방침을 엄청나게 바꿔놓았습니다.

몇 년이 지나는 동안에 나는 자신감이 넘치고 유쾌하며, 일을 함께 하기 쉬운 사람이라는 평을 듣기에 이르렀습니다. 이 평판이 나의 일에 대한 자신감을 일깨워 주었죠. 자신감과 성공은 떼 놓을 수 없는 것임을 알게 되었습니다.

이제 나는 미소짓는 것이 습관이 되었습니다. 아무리 불쾌한 일이 있어도 일단은 편안하게 미소지으며 문제를 해결해 보려고 노력합니다.

나는 항상 작은 일에도 만족하고 자신감을 잃지 않으며, 유쾌한 처신으로 오늘날 이 자리에 오르게 된 것입니다. 앞으로 미소의 중요성을 결코 잊지 않을 것입니다.

"당신도 이 표어가 나의 방에서 가장 좋은 자리를 차지할 가치가 있다고 생각하지 않습니까?"

그에게 성공의 까닭을 묻는다면 지금도 언제 어디서나 이 이야기를 들을 수 있을 것이다.

비단 웃어야 하는 것이 앞선 경우에만 해당하는 것은 아니다. 곤란한 문제는 언제 어느 때 당신 앞에 나타날지 모르는 일 아닌가?

어려운 일을 당할 때에도 미소를 잃지 않는다

어려운 문제에 부딪쳐 힘이 들 때, 곤란한 상담을 해야 할 때도 당신은 웃는 것을 잊어서는 안 된다. 차가 고장나거나 길을 잃어버렸을 때도 마찬가지이다.

웃을 수 있다는 것은 자신감이 있다는 것이다. 내 인상에 주인으로 설 자신이 있다는 것도 된다.

매 순간 당신을 옥죄어 오는 어려운 일들보다는 자신이 기쁨을 느끼는 순간이 더 많게 하라.

만약 당신이 정신적인 만족을 갖는 그 비결을 터득하고, 곤란한 문제에 직면해 마음의 평정을 유지하며, 낙담하기에 앞서 당신을 다독거릴 수 있다면 당신은 성공을 위한 자신감을 몸에 익힌 것이다.

0506
자신의 매력을
지속적으로 연마하는 습관

❧

인간에게는 누구에게나 한 마디로 표현할 수 없는 매력과 개성이 있다. 모든 면에서 완벽할 수 없지만 어딘가 호감을 주는 사람, 어쩐지 좋은 사람같이 느껴지는 것, 그것이 곧 그 사람의 매력이다.

비즈니스의 세계에서는 상대방에게 인간적으로 매력을 느낄 수 있어야 한다. 그래야만 그 사람이 판매하는 상품에 대해서도 반응을 갖게 되며 자연스럽게 고객과 가깝게 지낼 수 있게 된다.

사회생활에서도 마찬가지이다. 호감을 얻지 못하는 사람이 있는가 하면, 어딘지 모르게 조금 미숙해 보여도 뭐라고 딱 집어서 표현할 수 없는 사람이 있다.

작은 부분이라도 좋다. 오직 자기만이 갖고 있는 매력을 지닌 사람은 그것만으로도 상대에게 호감을 줄 수 있다.

그러면 어떻게 해야 매력을 발굴할 수 있을까?

매력 발굴 방법

첫째, 사회생활을 하는 사람으로 무능한 사람은 매력이 없다.

자신의 일을 명쾌하게 처리할 수 있어야 한다. 일을 명쾌하게 마무리하는 것이 습관화된 사람은 누구에게나 인정받을 수 있다.

현대인들은 직장생활에서 월급이 좀 적은 데 대하여서는 그다지 마음에 두지 않는다. 월급이 많고 적음보다는 긍지와 자부심에 더욱 치중하고 있다고 볼 수 있다. 만약 당신이 그 달의 수입에만 급급하고 있다면 긍지를 찾아야 할 것이다.

긍지가 있는 사람은 장래를 바라볼 수 있는 사람이며, 이런 열정을 가진 사람이 매력 있는 사람이다.

둘째, 긍정적인 사고를 가진 사람이 매력이 있다.

"좋은 아이템이 있는데 자본이 없어서 할 수가 없다."라고 하소연하는 사람이 의외로 많다. 자본이란 큰 것을 기대하기 때문에 문제가 되는 것이다. "큰 둑도 한 삽의 흙이 모여 완성된다."는 사고방식을 가지고 모든 일에 임해야 한다. 처음부터 큰 둑만 생각하기 때문에 자본이 문제인 것이다.

그러나 한 삽의 흙은 큰 자본이 없어도 얼마든지 가능하다. 그 한 삽의 흙을 쉬지 않고 쌓을 때 마침내 둑이 완성되듯이, 노력하는 가운데 목표는 달성될 수 있다.

큰 둑을 바라지 않고 열심히 노력하는 사람이 매력 있는 사람이다.

part 6.

인간관계에서 성공하는

좋은 습관

0601
약점 뒤엔 장점이 숨어 있다

❦

"나는 언제나 열등감을 느끼게 될 때는 담배를 입에 물게 됩니다. 담배 피우는 시간이 길면 길수록 기분이 편안해집니다. 내가 긴 담배를 애용하는 것도 그 때문이죠."

파나마의 보브 보이드라는 사람의 말이다. 파나마를 방문하는 외국 유명인사들의 의전관인 보이드의 이 말 한마디는 깊이 새겨들어야 할 구석이 있다.

"빨간 지갑은 나의 자아를 강하게 해줍니다. 그것은 기분을 아주 좋게 만들거든요."

평범한 부인에게도 이런 경우는 충분히 있을 수 있는 일이다.

어쩐지 세상일에 움츠러들거나 자신이 보잘것없는 존재로 느껴질 때 사람들은 뭔가 돌파구를 찾게 마련이다. 즉 자신의 자아를 높이는 방법을 찾게 되는 것이다.

이럴 경우 '긴 담배'나 '빨간 지갑'은 스스로 자아를 높이기 위해 고안

해낸 처방이 될 수도 있다.

엘지 맥스웰은 철도변 빈민굴에서 태어난 가난한 소녀였다.

그녀는 어릴 때 부잣집 소녀들로부터 심한 따돌림을 받았다. 파티에 입고 갈 드레스가 없었기 때문에 주말이면 늘 혼자서 지내야 했다. 이 일로 그녀는 심한 열등감을 갖게 되었다.

그 후 엘지는 어떻게 되었을까? 그녀는 세계에서 가장 뛰어난 파티의 기획자가 되었다.

이것이 그녀가 자신의 열등감을 극복한 방법이었다.

대개의 열등감은 고뇌를 불러일으킨다.

열등감에 사로잡혀 있는 사람은 '나에게는 장점이 없다. 무언가가 결여되어 있다. 그러므로 되는 일이 없다'고 생각하며 괴로워한다. 그리하여 소심한 자아에 꼭꼭 갇혀 사는 내성적인 사람이 되고 마는 것이다.

그러나 어느 때 무엇인가가 그 내성적인 사람의 마음을 사로잡는다. 자신의 결함이 거꾸로 자신의 강점으로 인식되는 순간을 경험하게 되는 것이다.

우리는 어떤 점에서는 남보다 강한 면이 있고, 또 어떤 면에서는 남보다 약한 면이 있다. 마음속에 있는 열등감을 몰아내기 위해서는 자신의 강점을 더욱 확대시켜야 한다.

에디슨은 귀가 잘 들리지 않았다. 그것이 그의 핸디캡이었으나 어느 날 갑자기 그는 이렇게 깨달았다.

"나는 행복하다. 나 자신이 듣고 싶다고 생각하는 것밖에 듣지 못하기 때문에……."

이러한 사고방식이 그를 인생의 정상으로 밀어올렸다.

때때로 자신이 가진 치명적인 단점이 성공의 열쇠가 되는 경우가 있다. '내가 가진 단점이 바로 이것이다.' 라고 확실히 알고 있고, '그것을 극복할 수 있는 강점이 내게 있다.' 는 자신감이 우선 될 때 성공은 당신을 기다린다.

단점이 있다면 숨기려 하지 말라. 그것보다 더 나은 장점이 당신에게는 분명히 있기 때문이다.

지나치게 내성적인 사람, 다른 사람보다 뒤떨어져 있다고 하는 두려움을 품고 있는 사람, 집회라든지 회의석상에서 아무 발언도 하지 않는 사람, 마치 자기는 불청객이라는 듯이 구석자리에만 앉는 사람, 줄을 설 때도 항상 꽁무니에만 서는 사람, 정면으로 상대방의 눈을 보려고 하지 않는 사람 등은 자신의 결점이 드러날까 봐 몸을 움츠린 결과 오히려 그것을 소리 높여 선전하는 꼴이 된다는 것을 모르고 있는 이들이다.

이와는 반대로 자신의 열등감을 숨기기 위해 과장된 몸짓을 하는 경우도 있다.

지나치게 수다스러운 것도 사실은 비정상이다.

사람은 뭔가 두려워하고 있을 때는 지나치게 수다스러워진다. 대개 이런 경우에는 아무런 의미도 없는 말을 정신없이 지껄이게 된다. 수다스럽게 지껄임으로써 자신이 지니고 있는 약점이나 결점이 숨겨진다고 믿기 때문이다.

함부로 지껄이는 사람에게는 절대로 속지 말라. 그는 허세를 부리며 상대방을 혼란에 빠뜨리는 사람이다.

수다스러운 것은 외향적인 성격과 엄연히 다르다. 외향적인 성격은 본래 타고난다. 매사에 정력적이고 항상 발랄하며, 탄력 있는 사고방식을 가진 사람이 이에 속한다.

사람의 우열을 교육의 정도나 생활 수준으로 판가름할 수 있는 것은 아니다. 물론 교육을 받지 않는다는 것은 성공에 불리한 조건이 될 수도 있다. 그러나 교육이 성공의 필수적인 조건이 되는 것은 결코 아니다.

트루먼 같은 사람은 가난한 하층민 출신이었으나 마침내 대통령이 되었다. 그는 결코, 이른바 인텔리는 아니었다. 그러므로 당신의 교육이 당신의 운명을 좌우한다고 생각해서는 안 된다.

흔히 우리는 부유한 환경이나 높은 학벌에도 불구하고 인생의 낙오자가 되는 사람들을 주변에서 보게 된다.

모든 것은 인생의 목표에 도전하는 당신의 의욕에 달려 있는 것이다.

졸업장을 자랑삼는 사람들은 결코 어떤 곳에 가더라도 환영받지 못한다. 가령 명문대학 배지를 달았다는 것은 참으로 멋진 일이지만 당신의 마음속에까지 그것을 부착한다면 당신의 친구가 될 이는 그 누구도 없음을 기억하라.

눈에 보이는 조건만을 가지고 사람의 가치를 평가하려는 편견의 어리석음을 우리는 종종 자기 자신에 대해서 뿐만 아니라 남에게도 범하고 있다.

0602
다른 사람을
함부로 판단하지 않는 습관

❧

"낡은 포드를 타고 있는 사람을 무시하지 말라."는 말이 있다. 그 사람은 언젠가 롤스로이스를 탈 수 있는 가능성이 있는 사람일지도 모르기 때문이다.

물을 가득 채운 주전자는 소리를 내지 않는 법이다.

어떤 호텔 프런트에 초라한 옷차림의 노신사가 방을 예약하러 왔다. 호텔 객실 담당자는 노신사의 남루한 옷차림을 힐끔거리며 그를 구석 쪽에 있는 싸구려 방으로 안내했다. 그 노신사는 몹시 기분이 언짢아진 표정으로 자신의 이름을 밝혔다. 그러자 객실 담당자는 당황할 수밖에 없었다. 그 노신사는 바로 세계적인 체인점을 갖고 있는 그 호텔의 주인이었던 것이다.

우리는 누구나 다른 사람에게 무시당하는 것을 불쾌하게 생각한다.

"그들은 내가 피아노 앞에 앉는 것을 보고는 웃었다. 그러나 내가 연주를 하기 시작하자 그들의 눈은 놀라움으로 바뀌었다."

이것은 한 피아노 제작회사의 카피로 쓰였던 말이다. 이 광고가 나간 뒤 그들은 평소보다 몇 갑절이나 웃도는 매출액을 기록했다.

0603 상대방을 '두 번 기쁘게' 하지 않는 습관

다른 사람에게 무시당하고 싶지 않은 마음은 곧 남에게 인정받고자 하는 욕구와 통한다. 이러한 욕구가 실현되지 않았을 때 사람들은 열등감이라는 큰 상처를 갖게 된다.

위의 광고는 남에게 인정받기 원하는 사람들의 심리를 교묘하게 이용한 것이다.

다른 사람에게 잘 보이고 싶다면 가급적 자주, 많이 상대를 칭찬하라. 대부분의 사람들은 칭찬에 굶주려 있다.

남에게 칭찬 받고 싶으면 먼저 남을 인정해줄 줄 알아야 한다. 그것이 당신의 열등감을 극복하고 성공의 지름길로 나갈 수 있는 가장 안전한 대비책이라는 것을 기억하라.

따지고 보면 사람의 호감을 얻는 것만큼 쉬운 것은 없다. 먼저 그들을 칭찬하고 그들을 즐겁게 해주면 되는 것이다.

자기 자신에 대해서 열등감을 갖고 있거나 남에게 편견을 갖고 있는 사람은 결코 상대방을 기쁘게 해줄 수가 없음을 명심하라.

당신 스스로 자신의 재능을 깨닫고 그것을 숨기지 않는 것이 열등감을 극복하고 남을 즐겁게 할 수 있는 최선의 방법이다.

그런 당신은 결코 대화의 뒷전으로 밀려나는 법 없이 얼마든지 상대의 호감을 가질 수 있다.

당신은 사람을 만나는 일이 두렵게 느껴질 수도 있다. 그것은 왠지 상대방이 자신과의 대화를 즐기지 않으리라는 염려 때문이다.

그렇다면 먼저 당신 스스로 상대방을 즐겁게 하기 위한 묘기를 부려 보는 것은 어떤가.

이럴 때 특히 주의해야 할 것은 상대방에게 당신과 만난 것도 기쁘지만 당신 곁을 떠나는 것 역시 기쁘게 만들어서는 안 된다. 상대방을 '두 번 기쁘게 하는' 결례를 범하지 말아야 한다는 사실을 주목해야 한다. 첫인사도 중요하지만 작별인사는 더욱 중요하기 때문이다.

기껏 의미 있는 대화를 주고받은 뒤에 '이제 볼장 다 봤다.'는 식으로 작별인사를 해버리면 상대가 얼마나 불쾌하고 어이없겠는가.

처음 만났다면 '안녕하십니까?' '좀 어떻습니까?' '날씨가 좋군요' 따위의 낡아빠진 인사는 가급적 자제하라. 그것은 누구나 할 수 있는 말이다.

너무 거드름을 피우는 인사도 피해야 한다. 인사 하나로 상대방을 압도하려는 태도는 불쾌감을 불러올 뿐이다.

당신이라면 상대방에게 흥미를 일으키게 만드는 화제나 상대방의 자아

를 높여 주는 말을 찾아야 한다. 이를테면,

"소문은 듣고 있었습니다만……."

"한 번 뵈려고 늘 생각하고 있었습니다."

이런 식으로 상대방에게 당신을 단도직입적으로 인식시킬 수 있는 표현법을 쓰라는 것이다.

"지난번 모임에서 한 번 뵌 적이 있는 것 같은데요."

"언젠가 TV에 출연하신 적 있지 않으십니까?" 등의 표현으로 상대방을 가능한 '내가 당신을 주목하고 있다'는 의사를 전달하고, 그의 주의를 당신 이외 어떤 것에도 빼앗기지 않도록 해야 한다.

사교상의 만남이든 사업상의 만남이든 어쨌거나 당신은 상대방과의 만남을 소중하게 여기고 있다는 느낌을 끊임없이 전달해야 한다.

마지막으로 당신의 열등감을 위로하기 위한 영국 속담 한 마디.

"너무 재주가 많은 사내도 처자식을 굶길 수 있다."

0604 '우정'이라는 대원칙에 충실하라

❧

다른 사람의 주의를 끌어당기기 위한 대화를 하면서 최악의 실수를 저지르는 것으로 제삼자에 대한 비난이나 지나친 자기자랑, 그리고 상대방을 신뢰하지 않는 듯한 태도를 들 수 있다.

당신은 어떤 경우에라도 가십 메이커가 되지 말아야 한다. 남의 흉을 들먹이기 좋아하는 사람은 존경받지 못하는 법이다.

특히 그 자리에 참석하지 않았던 사람의 험담은 피해야 한다. 부득이 그 말이 필요한 경우라 하더라도 '한 번 더 잘 생각해 보고 난 뒤에 말해야겠다.'는 마음가짐을 항상 잃지 말아야 한다.

자기 자랑도 알맞게 해야 한다. 그것은 당신을 선전하는 방법이 될지는 모르지만 너무 지나치면 상대방을 질리게 한다는 사실을 기억하라. 상대방이 말한 것에 대해서 의심을 품는 것은 그 중에도 가장 나쁜 태도이다.

한 번 더 중국의 속담을 예로 들어보자.

"사람을 믿지 않는 것보다는 차라리 속아넘어가는 게 낫다."

당신이 너무 의심이 많으면 의심스러운 듯한 행동을 하게 되고, 의심이 가는 듯한 말을 하게 된다. 그 결과 당신 자신도 신뢰할 수 없는 인물이 되고 만다.

의심스럽다는 것을 말로 표현할 경우에는 최대한 조심스럽게 하지 않으면 안 된다. 말은 물처럼 쉽게 흘러나올 수가 있지만 결코 주워 담을 수는 없기 때문이다.

상대방을 비난하기 이전에 다시 한 번 더 생각하라.

주목을 받고 싶다면 먼저 상대방을 주목해야 한다. 친한 친구로부터 식사 초대를 받고 싶다면 그 집 요리사를 모욕하지 말라.

좋은 벗은 삶의 귀중한 보배이다. 아무리 말솜씨가 좋은 사람도 상대방의 기분을 유쾌하게 만들지 못한다면 좋은 친구를 만날 수 없음을 잊지 말아야 한다.

서로 올바른 대인 관계를 유지하기 위해선 다음에 제시하는 방법들에 주목해야 한다.

첫째, 물을 마시라고 권하기 전에 목마르게 만들라.

상대방이 당신과 친해지고 싶다는 갈증을 느끼게 된다면 그 사람은 당신의 가장 좋은 벗이 될 것이다.

결코 누군가의 추종자가 되지 말고 그를 당신 편으로 유도해야 한다. 그러기 위해서는 당신에게도 다른 사람의 호감을 듬뿍 얻을 수 있는 매력이 있어야 한다. 그것으로써 당신의 우정을 '목마르게 하고', '배고프게 하는' 것이다.

둘째, 빈 상자를 팔아서는 안 된다.

상대방을 '목마르게 하는' 방법이 하나 있다. 당신이 갈망하고 있는 것 이상의 것을 언제나 상대방에게 주는 것이다.

주지 않고 받기를 원하는 이는 늘 사람들을 실망시킨다. 그러므로 당신은 호감의 선물 상자를 언제나 가득 채워 놓아야 한다.

남에게 친절을 받기보다는 많이 베풀도록 노력하라.

셋째, 상대방에게 보조를 맞추도록 하라.

당신의 우정에 '굶주리게 하는' 또 하나의 뛰어난 방법은 상대방에게 보조를 맞추어 주는 것이다.

그들의 취미 · 관심 · 감정을 정확하게 파악하라. 그리고 나서 그것에 자기 자신을 맞추는 것이다. 상대방이 당신에게 보조를 맞추도록 강요해서는 안 된다.

넷째, 상대방을 납득시킬 수가 없다면 그들과 한패가 되도록 하라.

상대방을 납득시킬 수가 없다고 깨달았을 때는 그와 협력하는 것에 호감을 잃지 않는 방법이다.

처음에 자신을 양보하는 것도 긴 안목으로 볼 때는 이득이 되는 경우가 많음을 잊지 말라.

0605 사람에 대한 고정관념을 버려라

✢

사람을 보자마자 선입견을 가지고 굳게 믿어버리는 것을 두고 '고정관념'이라고 표현한다. "그 사람은 깐깐해 보이는데", "충청도 사람이군. 말이 좀 느리지 않아?" 하면서 말이다. 그러나 충청도 사람이라고 모두 말이 느린 것은 아니다. 나도 충청도 사람이지만 주변에서는 내가 너무 말을 빨리 한다고 말한다. 충청도 사람이면 말이 느려야 하는데 말이다.

또한 안경 쓴 사람은 깐깐해 보인다는 고정관념을 가지고 대하는 경우도 있다. 그래서 괜스레 안경 낀 사람이 물건값을 깎는 것하고 안경을 끼지 않은 사람이 물건값을 깎는 것을 달리 생각하기도 한다. 안경 낀 사람이 값을 깎는 것은 깐깐하기 때문이라고 생각하고, 안경을 끼지 않은 사람이 값을 깎으면 물건이 좀 비싼 것 같다고 생각한다는 것이다.

뿐만 아니라 군인이나 경찰 복장을 한 사람이 갑자기 나타나면 '내가 뭔가 잘못한 것이 있나' 하고 생각한다. 고정관념으로 경찰이나 군인 복장은 범죄와 연관시키기 때문이다.

긍정적인 고정관념은 괜찮지만 부정적인 고정관념을 갖는 것은 큰 문제가 될 수 있다. 대부분의 사람들은 운동권 출신이라고 하면 '아, 데모를 많이 했겠군. 상당히 직선적이지 않을까?', '불의를 보면 못 참는 성격이겠군.' 이라고 생각한다.

호텔에서 지배인으로 근무할 때 노조위원장과 가끔 술을 마신 적이 있다. 나 역시 노조위원장에 대해서 '음, 경영에 대해 상당히 불만을 가지고 있겠군.' 하고 고정적인 관념을 갖고 대한 것이 사실이다. 술 한 잔 하면서 대화를 나누어보니 전혀 그렇지 않았다. 처음 한두 번은 경계를 했지만 같이 여러 번 대화를 나누고 술을 마시다 보니 내가 평소 생각한 고정관념과는 전혀 달랐다.

사람들이 인간관계를 맺으면서 실수하기 쉬운 것 중 하나가 바로 고정관념에서 생기는 편견이라고 할 수 있다. 사람을 정상적으로 보지 않고 삐딱하게 보는 데서 문제가 되는 것이다. 주변에서 "박씨는 성격이 아주 까다로운 사람이야."라고 하면 박씨와 말을 건네기도 전에 '정말 까다롭게 보이는군' 하고 생각하게 된다.

고정관념과 편견은 개인적인 인간관계에서만 문제가 되는 것이 아니다. 과거 유태인을 학살한 사건이나 유고내전에서의 민족말살과 같은 큰 사건도 고정관념과 편견이 지배했기 때문에 발생한 것이라고 할 수 있다.

이 정도로 인간관계에서 고정관념을 갖고 대하는 것은 무엇보다 위험한 일이다. 고정관념을 가지고 있어서 부정적인 시각으로 보이던 사람이라도 그와 대화를 나누면서 그 사람의 특성을 파악하면, 오히려 자신이 생각했던 것 이상의 호감을 느끼는 경우가 의외로 많다. 직접 대화도 하고 생활하면서 솔직하게 표현하면 상대방도 진심으로 대해 결국 고정관념과는 완전히 다른 사람을 만나는 큰 효과를 인간관계에서 얻을 수 있다.

다른 사람이 상대방에 대해 부정적인 고정관념으로 대한다고 해서 나까지 거기에 동조할 필요는 없다. 나만의 특성, 나만의 개성, 나만의 인간관계를 가지고 상대방을 대하는 습관이야말로 진정한 인간관계를 맺는 지름길이라고 할 수 있다.

평소 사람을 평가할 때 편견이나 고정관념을 가지고 있다면 그런 습관은 빨리 버리는 것이 좋다. 사람은 겪어봐야 아는 것이지 겉모습이나 소문으로 판단해서는 절대 안 된다.

순수한 관심의 힘

세상에는 상대방의 관심을 끌기 위한 헛된 노력에 빠진 사람들이 너무나도 많다. 하지만 그들은 인간의 본성이 상대방보다는 자신에게 더 많은 관심을 갖고 있다는 점을 간과하고 있다.

언젠가 뉴욕의 한 전화회사에서 통화 중에 어떠한 단어가 제일 많이 쓰여지는지를 조사한 적이 있다.

1위는 '나' 라는 1인칭 대명사였다고 한다. 그만큼 사람의 관심사는 의식적이든 무의식적이든 자신에게 있다는 것이다.

만일 자신은 그렇지 않다고 생각하는 사람이 있다면 다음의 질문에 대답해 보라.

'당신은 단체 사진에서 가장 먼저 누구의 얼굴을 찾는가?'

'오늘밤 만일 내가 죽는다면 내 장례식에 올 사람은 몇 명이나 될 것인가?'

우리는 무조건 상대방을 현혹시켜 친구로 만들 수는 없다. 참된 친구란 그런 방법으로는 얻을 수 없기 때문이다.

심리학자 알프렛 아들러는 이렇게 말했다.

"다른 사람들에게 관심을 갖지 않는 인간은 고난 속에서 인생을 살아갈 수밖에 없으며, 상대방에게는 무거운 짐이 될 뿐이다. 인간의 모든 실패는 바로 그러한 인간들 사이에서 일어나기 때문이다."

우리가 친구를 얻고자 한다면 먼저 상대방을 위하여 자신의 시간과 노력을 바쳐 헌신할 수 있어야 한다. 진정한 관심만이 상대방을 감동시키고 마음을 열게 하는 것이다.

독일의 황제 빌헬름 2세가 제 1차 세계대전에서 패하자 독일 국민들은 물론, 그의 부하들까지 그를 미워하였다. 또한 패전의 책임을 황제에게 고스란히 떠넘겼다.

그 혼란의 와중에서 패배의 고통과 더불어 부하들의 배신에 대한 모욕감으로 황제는 전전긍긍하고 있었다.

언젠가는 자신에게 불길한 사태가 밀어닥칠지 모른다는 두려움조차 밀려왔다.

이때 어떤 한 소년이 황제에게 위로의 편지를 보내왔다.

"다른 사람들의 생각이야 어떻든지 간에 저는 언제까지나 폐하를 황제로서 존경할 것입니다. 당신은 우리 모두의 희망이며 지도자이십니다."

이 편지를 읽고 폐하는 감동하여 그 소년을 궁으로 불렀다. 그러자 소년은 어머니와 함께 찾아왔다. 그들은 마음의 문을 활짝 열고 황제를 위로하였다.

그 일이 있은 후로 황제는 살얼음 같은 현실의 비정함을 잊고 마음의 안정을 되찾게 되었다.

마침내 황제는 그 소년의 어머니와 결혼식을 올렸다.

미국의 루스벨트 대통령은 인간에 대한 순수한 사랑으로 뭇 사람들의 존경을 받았다.

그는 대통령 임기를 마친 뒤 어느 날엔가 백악관을 찾아갔다. 마침 현직 대통령이었던 태프트 부처夫妻는 외출하고 없었다.

오랜만에 백악관을 둘러보던 루스벨트는 재임시부터 근무하고 있던 직원들, 청소부, 요리사, 심지어는 하녀에 이르기까지 이름을 부르며 친절하게 안부를 묻곤 했다.

그는 주방에서 요리를 담당하는 하녀 엘리스를 만나자마자 몹시 반가운 기색으로 물었다.

"엘리스, 지금도 옥수수빵을 굽고 있겠지요?"

"예. 하지만 지금 대통령 부처는 드시지 않아요. 그저 저희들이 먹으려고 조금씩 구울 뿐이랍니다."

이 말을 들은 루스벨트는 참 안됐다는 듯이 이렇게 말했다.

"쯧쯧, 사람들. 아직 그 빵 맛을 모르다니……. 내가 만나면 빵이 얼마나 맛이 좋은지 알려줘야 되겠군요."

그러곤 루스벨트는 엘리스가 접시에 담아준 옥수수빵을 손으로 뜯어먹으면서 대통령 집무실 쪽으로 걸어갔다.

가는 도중에 정원사며 일꾼들을 만나면 다정한 목소리로 한 사람 한 사람의 이름을 부르며 인사를 건넸다.

하인들은 그때의 일을 상기하며 감격하곤 했다. 하이크 후버라는 사람은 훗날 이렇게 말했다.

"대통령이 바뀐 뒤 그 2년 동안에 이렇게 기쁜 날은 없었을 것입니다. 그 기쁨은 돈으로 살 수 없는 것이었죠."

루스벨트는 사람들의 호감을 사는 가장 간단하고 평범하면서도 중요한 방법을 알고 있었던 인물이다.

즉, 상대방의 이름을 기억하고 불러줌으로써 자신의 관심이 다름 아닌 상대방에게 있다는 점을 몸소 보여준 것이다.

0607
상대방에게 진지한 관심을

기원전 100년, 로마의 시인 파브릴리우스 시루스는 이렇게 노래하였다.

"우리는 늘 자기 자신에 대해서 관심을 갖게 마련이다."

이 말은 우리가 누군가를 만날 때 자신에게 어떤 목적이 있을지라도, 우선 상대방의 마음을 성실하게 읽으라는 의미이다.

비록 사소한 것일지라도 그 사람의 관심사를 알고 이해하도록 노력해야 한다.

필라델피아의 C.M. 레이플이란 사람은 그 방법으로 평소 원수처럼 지내던 사람의 마음을 움직이는 데 성공하였다.

레이플은 석탄 중개업자로서 어느 대단위 연쇄점에 석탄을 납품하려고 애써왔다. 하지만 그 연쇄점의 유력한 중역이 이미 다른 거래처를 이용하고 있었다.

그런 까닭에 그는 무려 10여 년 동안 그 연쇄점의 주변만을 맴돌 뿐이었다.

은근히 화가 난 레이플은 어떤 강연회에서 연쇄점 제도야말로 시민의 적이라고 공격까지 하였다.

그때 레이플에게 누군가가 간곡하게 충고하였다.

아무리 그래도 불가능했던 일이 가능해지는 것도 아닌데, 그렇듯 고지식하게 대응해서는 안 된다는 충고였다. 그러고는 새로운 방법을 제시하였다.

그 방법은 연쇄점에 불만이 많은 레이플이 오히려 그 연쇄점의 확산을 옹호하는 변호사의 역할을 해보라는 것이었다.

고개를 끄덕인 레이플은 '연쇄점의 전국적인 확산은 과연 국가에 해로운가' 라는 주제로 열리는 전국 토론회에 나가기로 결심했다.

연쇄점에 유감이 많은 그가 도리어 연쇄점을 옹호하고 확산시켜야 하는 당위성을 피력해야 하니 곤혹스러운 점이 한두 가지가 아니었다.

일이 그렇게 되자 그는 평소 감정이 많았던 그 연쇄점의 중역을 찾아갔다.

그 중역 역시 10년 동안 석탄 납품건 때문에 쫓아다니던 레이플이 지겨웠던 탓에 딱 1분의 시간을 조건으로 그를 만나주었다.

중역실에 들어간 레이플은 심각한 표정으로 입을 열었다.

"선생님, 저는 오늘 석탄 때문에 온 것이 아닙니다. 실은 연쇄점 변호를 맡고 보니 연쇄점의 좋은 점을 알게 되었다는 것을 말씀드리려고 왔습니다."

만일 당신이 칭찬의 효과를 보고 싶다면 가정에서 실험해보면 된다. 우리의 가정처럼 칭찬이 등한시되는 곳도 없으며, 그만큼 절실한 곳도 없기 때문이다.

만일 당신이 칭찬에 인색한 사람이라면 가정 분위기가 어두울 것임에 틀림없다.

결혼생활은 외교와 다름없다. 따라서 솔직하다는 것이 결코 장점이 되지 않는다.

칭찬이란 선의의 거짓말의 일종이기도 하니까.

당신이 만족스런 결혼생활을 영위하려면 결코 아내가 살림하는 법을 비난하거나 자신의 어머니와 비교해서는 안 된다.

그와는 반대로 아내의 장점을 칭찬하고 그녀와 결혼할 수 있었던 행운에 대해 감사하는 마음을 표현해야만 한다.

가령 요리가 잘못되었다 하더라도 타박하지 말고 "오늘은 평소와는 좀 다르군." 하는 정도로 가볍게 넘어가는 것이 좋다.

그러면 아내는 스스로 깨닫고 두 번 다시 실수한 요리를 내놓지 않을 것이다.

여성의 마음을 얻는 방법을 알려면 23명의 여성에게 사기를 쳐서 저금통장까지 빼앗아낸 그 유명한 결혼 사기범의 말을 귀담아 들을 필요가 있다.

"힘든 일이라곤 아무 것도 없었습니다. 단지 그 여자에 관한 이야기만 하면 되었으니까요."

1900년대 초 나폴리의 한 공장에 열 살쯤 된 소년이 일하고 있었다. 소년의 꿈은 성악가였다.

하지만 학교 선생님은 그의 목소리를 듣고는 이렇게 악평했다.

"네 목소리는 마치 바람에 덧문이 덜컹거리는 소리 같구나. 음악은 네게 맞지 않아."

이 말에 낙담한 소년은 음악 공부를 포기하고 말았다.

그러나 그의 어머니는 따뜻한 격려의 말을 아끼지 않았다.

"너는 반드시 훌륭한 성악가가 되고 말 거야. 엄마는 그걸 알고 있어. 네 노래 솜씨가 하루가 다르게 좋아지고 있는걸."

이 어머니의 칭찬과 격려가 소년의 눈빛을 바꾸었다.

그는 밤낮을 가리지 않고 성악에 몰두한 끝에 세계 최고의 가수가 되었던 것이다. 그의 이름은 바로 카루소였다.

어느 날 카네기가 록펠러 센터에 있는 헨리 수벤의 사무실을 찾아갔다.

그런데 헨리 수벤의 사무실이 몇 층에 있는지를 알 수가 없었다. 주위를 두리번거리던 카네기는 단정한 제복을 입고 있는 여성 안내원이 있음을 발견하고 그녀에게 다가갔다.

"실례합니다만, 헨리 수벤 씨의 사무실이 어딘지 알려주실 수 있을까요?"

그러자 그녀는 사무적이면서도 리드미컬하고 아주 또랑또랑한 억양으로 입을 열었다.

"헨리 수벤 씨, 18층 1816호실입니다."

카네기는 그 말을 듣고 엘리베이터 쪽으로 가다가 문득 뒤돌아서 그녀에게 말했다.

"지금 당신의 안내는 정말 멋있군요. 아주 명료하고 정확한 발음은 너무나 예술적이에요. 저라면 흉내조차 낼 수 없겠군요."

이 말을 들은 그녀의 얼굴에 순간 홍조가 번졌다.

그녀는 왜 그런 방식으로 안내를 하며, 어디서 그런 교육을 받았는지, 방문객들을 상대할 때 어떤 마음 자세로 맞이하는지 등등을 시시콜콜 설명하였다.

그녀는 카네기의 가식없는 칭찬에 너무나 기뻤던 것이다.

행복이란 누군가의 따뜻한 칭찬 하나로도 이렇듯 금세 기쁨이 번져나간다.

상대방에 관한 일만을 이야기하라. 상대방은 몇 시간이고 귀를 기울이며 싫증 내지 않을 것이다.

약속 시간을
반드시 지키는 습관

❦

　자주 강연을 다니는 A의 말이다. 그 강연회장이 호텔일 때도 있고 회사 강당, 또는 연회장일 경우 등 여러 가지이다. 강연의 시간도 아침 10시라든지 오후 5시부터 등 갖가지이다.

　그러나 어느 회장에서든 반드시 공통된 점이 단 하나 있다. 그것은 강연의 시작 시간이다. 모두가 한결같이 정각에 시작하지 못한다는 것이다.

　이것은 어디에서나 동일한 현상이다. 수강할 사람들이 정각에 모이지 않아 시작할 수 없다는 것이 그 내막이다.

　여기에서는 강연을 예로 들었는데 회의나 집회 따위에서도 이런 현상을 종종 보게 된다.

　예를 들어 회사의 회의 시간을 엿보기로 하자. '5시부터 회의를 시작한다'고 분명히 전달했는데도 느긋한 사람은 5시 10분이 지나서야 아무렇지도 않은 얼굴로 어슬렁어슬렁 들어오는 것을 발견할 수 있다.

　그 이유는 5시라고 설정해 두면 '5시쯤'이란 감각적으로 받아들이기 때문이 아닌가 싶다. 극단적으로 말하자면 5시 10분쯤 지나서, 5시 10분쯤, 아니면 5시경이란 감각으로 말이다. 그 시간을 전후하여 20분 정도의 '시차'가 있는 것처럼 해석해버리는 사고방식 때문이다. 정말 이 시차가 골칫거리다. 5시라는 시간 설정은 너무 안일하게 받아들여지는 경향이 있다. 그렇다면 4시 55분에 회의를 시작한다고 설정해 버리는 것이 어떨까? 이 55분이란 세밀한 시간 설정이 시간의 엄밀성을 환기시켜 주는 심리적인 효과가 있으리라 생각한다.

이와 마찬가지로 중요한 것은 종료시간이다. 회의 등의 종료시간을 정확하게 정해두는 일도 중요하다. 누구든지 마감시간에 쫓기게 되면 집중력을 십분 발휘하여 일이든 공부든 빨리빨리 척척 해치워 가기 때문이다. 이 타임 리밋(제한시간)의 효과는 다양한 형태로 응용할 수 있다고 생각한다.

본래대로 한다면 1시간 걸릴 회의가 30분, 때로는 1시간 이상이나 연장되는 케이스가 자주 있다. 그만큼 많은 시간을 들여 토의한 것이니 좋은 결론이 나왔으리라 생각한다. 그러나 실제로는 그렇지 못하다. 이렇다 할 발전도 없이 회의 내용이 다람쥐 쳇바퀴 돌듯이 돌 뿐이다.

이것은 회의의 마감시간을 엄밀하게 설정하지 않은 데에도 원인이 있다고 본다. 이런 상태에서는 '시간은 얼마든지 있으니까' 하는 안일한 생각에 빠지기 일쑤이다. 또한 이와 더불어 '어떻게 하든 이 시간 내에 결론을 지어야 하는데…'라는 진지함과 집중력이 결여되기 마련이다. 그러므로 회의 종료시간은 정확하게 정해 두는 것이 좋다.

예를 들어 '5시 55분까지 완전 종료'라는 식으로 시간이 정해져 있다면 참석자들은 '이 55분 동안만은 집중하자' 하는 기분이 들 것이다. 시간을 길게 끌기보다는 짧은 시간 안에 진지하게 토의의 결론을 끌어내도록 하는 것이 더욱 효과적일 것이다.

0609
당당하게
자신의 장점을 부각시켜라

어떤 사람이든 모든 일에 전문가가 될 수는 없다. 아무리 똑똑한 사람도 남보다 못하는 게 한두 가지는 있을 수 있고, 평범한 사람에게도 한 가지 특기는 있게 마련이다.

문제는 어떻게 하면 자기가 가진 재능을 최대한 부각시키고 그것을 사회적 성공으로 연결짓느냐 하는 것이다.

본인이 그걸 알고 있으면 남에게 알려지는 시기도 그만큼 빨라질 수 있겠지만 자기가 어떤 재능을 갖고 있는지조차 모르는 사람에게는 영원히 남에게 인정받을 수 있는 기회가 오지 않을 수도 있다.

남에게 내 재능을 알린다는 것은 결코 교만한 일이 아니다.

물론 자신이 얼마나 뛰어난 재능을 갖고 있는지에 대해서 여기저기 자랑하고 다니는 것은 충분히 타인의 반감을 살 만한 일이지만 지나치게 겸손한 것은 오히려 현명하지 못한 태도이다.

우리는 촘촘하게 짜여진 사회적 관계의 그물 속에서 살아가고 있다. 남에게 인정받지 못한다는 것은 곧 사회에서 버림받는다는 것을 의미한다.

그것이 우리의 현실이다. 도태되지 않기 위해서는 사람들에게 '나'라는 존재를 알려야 한다. 그리고 그들로부터 인정도 받아야 한다.

성공은 혼자서 열심히 노력한다고 해서 얻어지는 것이 아니다. 그것의 처음은 당신이 누구인지, 어떤 일을 잘할 수 있는지를 알리는 것에서 시작된다.

"나를 괜찮은 사람으로 포장하라."

자신이 가진 재능을 강조한다는 것은 결코 부끄러워할 일도, 남을 해치는 일도 아니다.

당신이 갖고 있는 최고의 장점을 밖으로 끌어내 사람들의 주의를 그곳으로 집중시켜야 한다. 그들은 그 장점에 주목한 나머지 당신이 가진 사소한 결점 같은 것을 발견할 수 없을지도 모른다. 이것은 사람을 속이기 위한 것이 아니라 그들의 시선을 당신의 장점으로 유도하는 것이라고 생각하라.

이러한 노력으로 당신은 자신의 재능을 발휘할 기회를 얻게 되고 그 분야에서 최고의 자리에도 오를 수 있을 것이다.

흔히 사람의 첫인상을 결정하는 데 걸리는 시간은 10초 미만이라고 한다. 10초 동안에 상대방의 호감을 얻지 못했다면 그와 함께 할 일에서 당신은 실패할 확률이 높다.

만약 남보다 뛰어난 재능을 갖고 있음에도 불구하고 그것을 부각시키지 못했다면 소극적이라는 당신의 단점 때문에 그 재능이 가려진 것이다. 자신의 약점까지도 장점으로 바꿀 수 있는 방법을 배워야 한다.

에디슨은 귀가 잘 안 들린다는 약점이 있었지만 그것을 장점으로 역이용하여 '불굴의 과학자'라는 이미지를 사람들 머리 속에 각인시켜 놓았다.

우리들은 누구나 감추고 싶어하는 단점과 드러내야 할 장점을 함께 가지고 있다.

성공하려면 감춰야 할 단점까지도 훌륭한 장점으로 변화시킬 줄 알아야 한다. 여기서 단점을 장점으로 바꾼다는 것은 단점을 무조건 감춘다는 것과는 거리가 멀다. 장점을 크게 부각시키면 당신이 가진 단점은 너무나 평범하고 인간적인 작은 약점으로 보이게 되기 때문이다.

그러므로 세상과 잘 융합해 나가는 첫걸음은 당신 자신이 당당하게 스스로를 내세울 수 있는 장점을 찾아내는 일이라 할 수 있다.

당신이 자신에게 할 수 있는 가장 올바른 일은 곧 당신이 팔아야 할 장점이다. 일단 그것을 찾아냈으면 그 부분에 사람들의 주의를 끌어당기는 것부터 시작해야 한다.

만약 어떤 사람을 당신 편으로 끌어당기고 싶다면 먼저 그 사람이 호감을 가질 수 있을 법한 당신의 장점을 보여 줘라.

상대방이 당신의 능력을 원한다면 당신이 그가 원하는 능력을 갖고 있다는 사실을 알게 하라.

상대방이 인간적인 매력을 원한다면, 그리고 당신이 그런 매력을 가진 사람이라면 자신 있게 당신의 내면을 보여줘라.

그것이 바로 성공적으로 당신의 장점을 부각시키는 것이다.

단, 그가 무엇을 원하든 당신이 그 분야에서만큼은 최고의 장점을 갖고 있다는 사실을 알 만큼 적극적이고 당당하게 나설 수 있어야 한다.

성공하는 사람의 가장 중요한 습관은 항상 자신의 장점을 드러내는 데 주저함이 없이 당당하다는 것을 늘 기억하는 것이다.

part 7.
마음에 여유를 갖는
좋은 습관

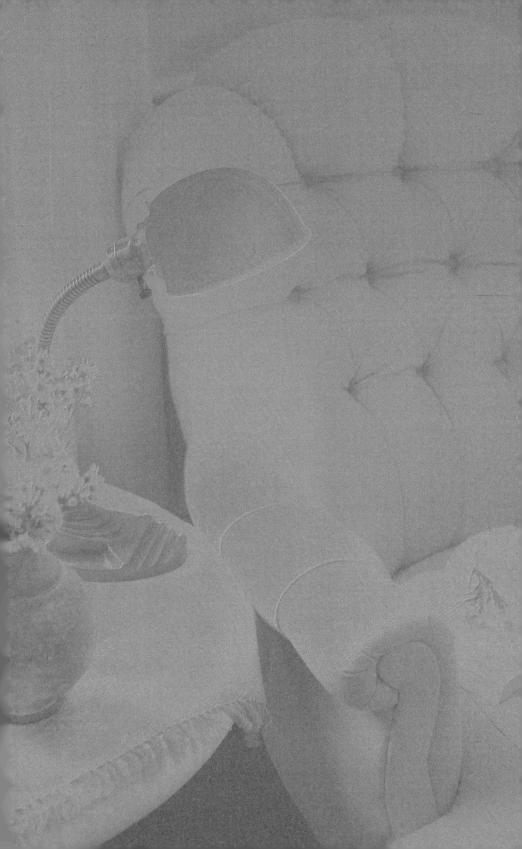

0701
불만불평 대신에
감사하는 생각을 갖자

✦

살다 보면 자신이 너무나 한심하게 느껴지는 때가 있다. 인생의 고비에서 누구나 실패를 맛볼 수 있고, 그로 인해 좌절을 겪을 수 있다. 그러나 이러한 상황을 빨리 헤쳐나가는 사람이 있는가 하면, 실패의 기억에 빠져 아무 것도 하지 못하는 사람이 있다.

좋은 때가 있으면 나쁜 때가 있게 마련이다.

사람은 누구나 외부의 환경을 이겨낼 수 있는 힘을 내부에 지니고 있다. 이것은 자기치유력과 같은 것이다. 그런데 이런 잠재력을 충분히 발휘하지 못하는 것은 그 사람의 생활습관에 문제가 있기 때문이다.

스스로 불행하다고 생각하는 사람들의 공통점은 불만불평을 자주 내뱉는 사람들이다. 불만불평이 생기는 것은 어쩔 수 없는 일이지만 입 밖으로 내뱉는 것은 별개의 문제이다.

불만불평은 세상사의 부정적인 측면만 보기 때문에 생긴다. 세상 모든 일에서 부정적인 측면만 도드라지게 눈에 띄게 되는 것은, 좋은 상태는 당연하다고 생각하는 습관이 몸에 배어 있기 때문이다.

당신이 불만불평을 품으면 상대도 방어본능이 발동해서 역시 불만불평을 품게 된다. 인간관계는 본래 그런 것이다. 그리고 그런 불만불평은 상대의 부정적인 측면만 바라보는 데서 출발한다. 당신이 사람을 만나고, 일을 하고, 사회생활을 하는 동안 벌어지는 여러 일들에서 부정적인 측면만을 찾으려고 들면 얼마든지 눈에 들어오게 마련이다.

세상사에는 긍정적인 측면도 있다

하지만 어떤 처지에 놓이든지 세상사에는 부정적인 측면만 있는 것이 아니라 긍정적인 측면도 있다. 부정적인 측면에만 눈을 두면 불만불평이 불길처럼 타오르는 법이다. 아무리 실망스러운 처지라도 긍정적인 측면이 있을 수 있다. 부정적인 측면에만 얽매어 불만불평을 키우는 것은 결국 자기 인생을 더욱 비참하게 만드는 것이다.

항상 긍정적인 측면만 바라보는 일은 결코 쉬운 일은 아니다. 그러나 불만불평만 늘어놓는다면 불행의 늪에서 빠져나오기가 어려울 것이다.

항상 감사하는 마음 자세를 갖는 습관을 가질 때 모든 것이 부정적인 상황에서도 긍정적인 측면을 발견하게 되는 것이다.

사소한 일은
잊어버리는 습관

❖

　사소한 일에도 자꾸 걱정하는 것은 자신을 구박하고 몰아세우는 것에 지나지 않는다. 사소한 일에 걱정하는 것도 하나의 습관이 되어서 무슨 일이건 걱정부터 하게 된다.

　세상에는 무슨 일이든 낙관적으로 대하는 사람과 비관적으로 대하는 사람이 있다. 그런 성격은 원래 타고난 것이므로 아무리 노력을 해도 바꾸기가 쉽지 않다.

　문제는 사소한 일에 걱정을 하는 사람 자신이 손해를 보기 쉽다는 점이다. 항상 걱정부터 하는 사람은 무슨 일이든지 신경을 써야 하는 일이 많기 때문에 살면서 만족을 느끼지 못하고 살아간다. 그런 성격의 소유자들은 자신도 알면서 뭔가 일을 만나면 걱정부터 하게 되는 것이다.

　이런 사소한 일에도 걱정부터 하는 사람은 자신감이 없는 데서 기인한 것이다. 본인 자신도 자신감이 없다는 사실을 알고 있다.

　따라서 스스로 자신감을 불어넣어주면 된다.

자신감을 불어넣어라

자신감을 스스로 불어넣어주기 위해서는 먼저 자기 자신에게 스스로 말을 하면서 다짐하는 것이다. 즉 '나는 자신 있어. 이런 정도는 충분히 해낼 수 있어.' 하고 자기 자신에게 최면을 거는 것이다.

그리고 '이 정도면 괜찮을까?' 하는 생각이 들면 '이 정도면 충분해.' 하고 과감하게 스스로 인정하는 것이다.

만약 잘못되었거나 실패를 했을 경우, '이미 끝난 일이니 잊어버리자.' 하고 미련을 버리는 것이다.

이미 지난 일을 걱정해본들 돌이킬 수 없는 일이고 걱정해 보았자 소용없는 일이 아닌가?

이미 끝난 일을 걱정해 보았자 쓸데없는 일이고, 또 닥치지도 않은 일에 대해서 걱정하는 것도 쓸데없이 시간과 에너지를 소모하는 것에 지나지 않는다.

지난 일을 후회하고 고민하거나, 앞으로 닥칠 일에 대해서 불안을 느끼고 걱정하는 것은 현재의 일에 집중하는 것에 방해가 될 뿐이다.

따라서 지난 일이나 앞으로 닥칠 일에 대해서 쓸데없이 걱정하거나 불안해하는 습관을 버리자.

0703
자신의 그릇 크기를 바로 알자

우리가 불만을 느끼게 되는 것은 자신의 능력에 대해서 과대평가했기 때문이다. 실패를 겪더라도 좌절하지 않고 자기 페이스대로 나아가는 사람은 자신의 한계를 그대로 인정하고 받아들일 줄 아는 사람이다.

대체적으로 자기 능력을 과신하는 사람은 자만심으로 가득차서 허황한 꿈만 쫓으며 살아간다. 그러나 자신의 한계와 그릇을 아는 사람은 지나친 자신감으로 고민하는 일이 없다. 그런 사람은 묵묵히 노력하다가 많은 경험을 통해서 얻게 된 능력에 만족하고 자기 그릇에 걸맞는 자신감을 갖고 있다.

이와 반대로 자신감이 지나쳐 자만심이 된 나머지, 자기를 인정하지 않는 주변과 사회를 부정하고, 사람들이 자신을 인정하지 않는데 대하여 사람들을 비방하거나 사회를 비난하는 사람들이 의외로 많다.

아무리 노력해도 주변 사람들로부터 인정받지 못하는 경우도 사실 있다. 자신은 일을 잘했다고 생각하는데 그렇게 평가해주지 않는 경우도 어느 조직에서나 많다.

한 박자 숨을 고르라

조직에서나 사회에서 주위의 사람들이나 높은 사람이 자신의 능력을 인정하지 않을 때는 인정하지 않는 쪽이 나쁘다고 비판하지 말고 자기 능력이 아직 모자랄지 모른다고 생각하고 반성하면서 한 박자 숨을 고른 다음 더 열심히 노력하는 것이 자신을 위해서 바람직할 것이다. 아무리 능력이 있을지라도 주변 사람들 모두에게 인정받을 만큼 완벽할 수는 없을 것이다.

스스로 자신감을 가진 사람일수록 올바로 평가를 받지 못하더라도 다음번에는 더욱 잘해 보자고 노력한다. 이것이 진정으로 자심감을 가진 사람들의 바람직한 태도일 것이다.

어떤 상황에서도
자기 페이스를 유지하는 습관

자신을 바로 아는 사람은 만족할 줄 아는 사람이다. 그런 사람은 어떤 상황에서도 자기 페이스를 유지할 줄 아는 사람이다.

마라톤에서 자기 앞에서 잘 달리는 선수를 보고 자기 페이스를 잃고 따라가다가는 20킬로미터도 못 가서 급격하게 속도가 떨어지거나 탈락하는 경우가 많다.

이와 반대로 자신의 능력과 힘에 따라 자기 페이스를 지키며 달려가다가 마지막에 있는 힘을 다 쏟아부어 승부를 결정하는 선수가 진정한 승리자가 되는 것이다.

앞에서 달리는 선수를 보면 어느 누구든 그 선수를 앞지르고 싶을 것이다. 그러나 1등 하겠다는 욕망에 앞서 자기 페이스를 잃고 달리다가 중도에 탈락하게 되는 것이다.

사람들은 도전정신이라고 하면 어떤 상황에서든지 무조건 덤벼드는 것으로 알고 있다. 그러나 참된 도전정신이란 자기 페이스를 알고 그것을 끝까지 지키면서 목표를 향해 확고한 의지를 가지고 전진하는 것이다.

주변 상황에 구애되지 않고 자신이 설정한 목표를 향해 끝까지 포기하지 않고 나아가는 것이 올바른 도전정신이다.

무엇을 계속할 것인가가 더욱 중요

인간은 내일을 품고 오늘을 살아가고 있는 것이다. 어디까지 가게 될지 몰라도, 갈 수 있는 데까지 가는 것만으로도 충분한 가치가 있는 것이다.

내일을 믿고 오늘을 성실하게 살다 보면 그 과정에서 반드시 행복을 느낄 수 있다. 그러기 위해서는 무엇을 할 것인가가 아니라 '무엇을 계속할 것인가' 가 더욱 중요하다.

당신의 인생에서 당신이 지금 무엇을 계속 추구하고 있다는 생각을 하고 있다면, 그것은 곧 당신이 하루하루를 확실하게 살아가고 있음을 뜻한다.

이런 생각이 당신으로 하여금 인생의 고단한 여정을 힘차게 나아가게 만드는 것이다.

따라서 과도한 욕심을 버리고 목표를 향해서 자기 페이스대로 꾸준히 나아가는 생활습관을 들여야 한다.

0705
느긋한 마음을 갖는 습관을 기르자

❦

모든 불행의 원인은 욕심에서 비롯된다고 한다. 욕심을 줄이면 당신은 그만큼 마음이 편해질 것이다.

그러면 어떻게 하면 편안한 마음을 갖는 것을 습관화할 수 있을까?

첫 번째로는 당신이 이 세상의 고민을 모두 짊어진 것처럼 생각하지 않는 것이다. 그렇게 긴장을 하거나 고민을 하다 보면 스스로 미궁으로 빠져 들게 되고 편안한 마음을 가질 수 없게 된다.

마음을 늘 편안하게 쉬도록 하면 최고의 능력도 발휘할 수 있게 될 것이다.

두 번째는 즐거운 마음으로 일을 하는 것이다. 당신 스스로 그 일이 좋아서 하게 되면 일하는 것이 즐거울 뿐만 아니라 그 일에 보람을 느끼게 될 것이다. 즐거운 마음으로 일을 하기 때문에 그만큼 일에 대한 능률도 오를 것이고, 매일매일 즐거운 마음으로 살 수 있을 것이다.

세 번째는 당신이 해야 할 일에 대해서 계획을 세우고 순서대로 일을 처리하는 것이다. 계획 없이 일을 하다 보면 우선 하고 싶은 일이나 하기 쉬운 일만 하고 하기 싫은 일은 하지 않음으로써 나중에 문제가 될 수 있으며, 그로 인해 생활에 흥미를 느끼지 못하게 된다.

네 번째는 모든 일을 한꺼번에 처리하려고 서둘러서는 안 된다. 당신이 초능력을 가지거나 탁월한 재능을 가진 사람이 아니면 한꺼번에 많은 일을 처리할 수가 없을 것이다. 어떤 일이나 일을 할 때에는 그 일만 신경을 쓰고 집중해야 여유가 생길 수 있다.

다섯 번째는 올바른 가치관을 갖는 일이다. 올바른 가치관을 갖고 있을 때 어떤 상황에서도 마음의 여유를 가지고 가치관에 따라 처리함으로써 마음에 여유를 갖게 될 것이다.

마지막으로 편안하고 느긋한 마음을 갖도록 한다. 당신 앞에 놓인 문제에 불안을 느낀다면 마음을 편히 갖는 습관부터 길러야 한다.

매일 한 시간씩 독서를 하자

❧

"휴일에는 무얼 하며 지내십니까?"라고 샐러리맨들에게 질문을 해보면 답변은 여러 가지다. 사람마다 각자 휴일을 보내는 방법이 다를 것이다. 극히 당연한 일이다. 여가가 중시되고 있는 시대인 만큼 자유로운 여가 생활을 즐기면 된다고 생각한다. 여기에 하등의 반론을 제기할 이유는 조금도 없다.

그러나 앞의 질문에 대해 "휴일에는 그저 하는 일 없이 빈둥빈둥 지낸다."는 답변이 많은데 신경이 쓰인다. 샐러리맨의 평일은 대부분이 눈코 뜰 새 없이 분주하다. 그러므로 휴일에는 오로지 휴식에만 전념하겠다는 것이 현실인 것 같다.

물론 휴식은 중요하다. 어제까지 얽매여 있던 일의 긴장감에서 이완시키는 효용은 대단한 것이다. 거기에 찬물을 끼얹는 의견을 제시할 생각은 전혀 없다.

낮잠을 자거나 텔레비전을 보고 있노라면 눈 깜짝할 사이에 2, 3시간은 금방 지나가고 만다. 이런 시간을 조금 유익하고 건설적으로 보내도록 연구해 볼 필요가 있는 것이다. 특히 아이들이 있는 가정에서는 더욱 주의해야 한다.

집에 있을 때는 그만 무심결에 텔레비전으로 눈이 가곤 한다. 영상은 시각에 호소하는 것인 만큼 이해하기가 쉽다. 그저 보고만 있으면 되기 때문에 우선 편안하다. 화면은 자동적으로 변하기 때문에 어떠한 노력도 필요치 않다. 그런데 사실 이런 습관이 무서운 것이다. 자발적인 노력을 하지 않고도 정보를 얻을 수 있다는 습관에 문제가 숨어 있다. 이런 태도가 습관화되어 계속 이런 방식만을 추구하게 되면 주체성이 희박해질 우려가 있기 때문이다.

현대의 아이들이 그런 경향에 많이 빠지고 있다고 생각한다. 우선 그들은 착실하게 책을 읽기를 지겨워하는 경향을 두드러지게 보이고 있다.

책이란 어떤 주제를 정리한 것을 문자로 읽게 만든 것이다. 독서는 주체적인 행위로서 읽는다고 하는 자발적인 행위를 지속하기 위해서는 노력이 필요하다.

책만 손에 잡으면 곧 싫증을 내거나 조는 아이들이 적지 않다. 이것은 자기 억제가 결여되어 있기 때문이다.

일방적으로 주입시키기만 하는 텔레비전 정보가 자기 억제의 결여를 일으키는 한 원인이라 생각한다. 그리고 거기에 수반하는 독서 습관의 상실이다.

하루에 한 시간만이라도 좋다. 꾸준히 독서하는 습관을 아이들과 함께 익히기 바란다. 독서는 정신을 살찌우게 하는 근본이 되기 때문이다.

잘못된 것은 빨리 고치는
습관을 갖도록 한다

❦

　성공한 사람들은 어떤 문제를 만났을 때에 날카로운 시각으로 그 문제를 바라보고 잘못된 것이 있으면 재빨리 그것을 고쳤다.

　문제를 해결하는 데 있어서 갖추어야 할 기본적인 자세는 다음과 같다.

　첫째, 어떤 문제이든 자기 스스로의 힘으로 해결할 수 있다고 믿는 것이다. 그런 믿음을 가지고 노력할 때 어떤 문제든지 해결될 것이다.

　둘째, 이성적으로 문제를 해결한다.

　무슨 문제든지 감정이 개입되면 이성을 잃기 쉽고 문제점을 정확하게 볼 수 없게 된다. 또한 긴장 상태에서는 당신의 판단이 흐려질 수 있으므로 편안한 마음 자세로 문제를 대처해야 한다.

　셋째 무리하게 서둘러서 그 해결책을 찾으려고 초조해서는 안 된다. 때가 되면 문제는 분명해진다.

넷째, 되도록 많은 정보를 얻어서 조사하고 분석하고 그 문제가 당신과 관계가 없는 것처럼 객관적으로 판단하도록 노력하라. 그래야 편견 없이 정확한 해결책을 구할 수 있을 것이다.

다섯째, 지금까지 파악한 모든 자료를 메모해 두라. 잘 정리된 자료를 보면 당신은 분명한 해결책이 떠오를 것이다.

여섯째, 당신의 통찰력과 직관을 믿는 것이다. 그리고 신념을 가지고 위에서 열거한 조건에 따르면 문제에 대한 해결책이 떠오르게 될 것이다. 이렇게 얻은 해결책은 당신에게 최선의 해결책이 될 것이다.

0708
자신의 브랜드 가치를 높이는 습관

첫째, 자기 자신을 냉정하게 평가해 보자

자신의 현재 가치를 정확하게 평가하자. 현재 무엇을 하고 있으며, 동료들과는 무엇이 다른지 말이다. 그리고 부족한 부분이 있다면 그 부분에 대해 투자하자. 외국어 능력, 컴퓨터 능력, 업무 지식, 학력 등 다양한 부문에서 욕심을 갖고 자신이 만족할 때까지 보충하려고 노력하자.

'나는 완벽하다. 더 이상 할 것이 없다'고 생각하는 사람은 많지 않다. 평가하는 방법은 1주일, 1개월, 1년 단위로 평가하자.

지난주에 무엇을 했는지, 현재 자신의 부족한 부분을 채우고 있는지 계속해서 평가하고 노력하는 길만이 당신의 몸값을 올릴 수 있다는 사실을 명심하자. 적절한 평가 없이는 당신의 브랜드 가치를 높일 수 없다.

둘째, 자신의 외모에 투자하자

당신의 외모는 당신만이 가지고 있는 소중한 브랜드이다. 당신과 똑같은 얼굴은 없다. 그러니 흔한 얼굴이 되어서는 안 된다. 그렇다고 성형수술을 하라는 것이 아니다. 남이 보아 매력적인 사람이 되기 위해 다각적인 노력이 필요하다.

옷도 신경을 써서 입고 구두도 항상 광을 내자. 남이 보기에 좋은 차림을 하자. 넥타이를 맬 때도 색깔이 중요하다. 당신의 능력과 관계없이 당신을 평가하는 것은 바로 외모라는 사실을 명심하자. 매력적인 사람으로 보이기 위해 끊임없이 외모에 투자해야 한다.

셋째, 약속을 잘 지키자

자신이 약속한 것에 대해서는 반드시 지키도록 하자. 약속은 곧 신용이다. 능력이 아무리 뛰어나도 주변 사람과 약속을 잘 지키지 못한다면 믿음이 깨진다는 사실을 명심하자. 하찮은 약속이라도 자신이 한 약속은 반드시 지켜야 한다.

넷째, 자신감을 갖자

자신감을 갖고 대화에 임해야 상대방이 당신을 신뢰하고 믿음을 줄 수 있다. 실패와 좌절감으로 힘없는 모습은 인간관계에서 결코 좋은 결실을 맺을 수 없다. 매사 자신감을 가지고 상대방을 대하면 상대방 역시 당신이 간혹 실패하는 일이 있더라도 끝까지 당신을 믿어준다.

자신감이 없는 사람은 항상 주변에 자신감이 없고 패배자만 몰린다는 사실을 명심하자. "나는 할 수 있다." 라는 정신자세로 무장하자.

다섯째, 주변 사람들의 슬픈 일은 항상 챙긴다

좋은 일에는 가지 않아도 오해를 사지 않지만 슬픈 일은 반드시 챙겨야 한다. 슬플 때 찾아가면 상대방은 당신을 영원히 기억한다. 만약 가지 않으면 그 서운한 감정은 무덤까지도 기억할 정도이다.

당신을 어떤 식으로 상대방에게 기억시킬 것인가는 중요한 문제이다. 슬플 때 위로해주는 것을 잊지 말자. 밤새워 고통을 함께하면 당신은 영원한 파트너가 된다.

여섯째, 아침에 일찍 일어나자

성공한 사람들은 대부분 아침에 일찍 일어난다. 당신도 일찍 일어나는 것을 습관화하라. 일찍 일어나면 남보다 생각을 더 많이 하고 남보다 앞서 하루를 시작할 수 있다. 늦게 일어나면 그만큼 손해가 된다. 아침부터 준비하는 사람은 실패할 확률이 적다.

일곱째, 자신의 운을 예언하지 말자

성공하는 사람들은 대부분 자신이 스스로 개척한 것이지 절대 운이 좋아서 된 것은 아니라는 사실을 명심하자. '나는 운이 따라주지 않아' 라고 생각하는 순간 당신이 하는 일에 믿음을 주지 못할 수 있다.

최선을 다한 다음 운을 믿어야 한다. 일을 하기도 전에 운을 믿는다는 것은 실패할 확률이 높다. 처음부터 자신의 운을 예언하는 행위는 절대 하지 말자.

자기 자신을 사랑하는 것도 습관이다

❧

내가 아는 유명한 정신과 의사들 가운데 가장 현명한 스마일리 브랜톤 박사는 "날마다 대하고 있는 환자들에게서 가장 흔하게 볼 수 있는 고민은 자신감의 상실이다."라고 입버릇처럼 말한다.

그에 의하면 상담하고자 찾아오는 사람들의 대부분은 자기 자신을 사랑하는 마음이 없는 것 같다고 한다. 그들은 대부분 스스로에 대해서 비참한 이미지를 품고 있는 것이다. 모든 인간의 병에는 애정이 가장 큰 효과가 있다. "당신이 자신을 비하시키고 있는 한, 어떤 사람도 당신을 사랑하지 않습니다." 브랜톤 박사는 자신의 환자들에게 병을 치유하기 위해서는 먼저 자기 자신을 사랑하도록 권유했다고 한다.

열등감이란 무엇일까? 인생에 대해 자신감을 잃는 것이라고 나는 생각한다. 내 경험으로, 겉보기에 너무나도 자신만만하고 적극적인 사람이 사실은 자기에 대한 열등감을 감추고 있기도 하고, 어떤 고민이라도 다 해결할 수 있는 체하고 있는 경우가 많았다.

사실 이것은 하나의 큰 모순이다. 인간은 이 세상에 있는 피조물 중에서 가장 뛰어난 걸작품이다. 성경에는 우리들의 지위는 천사보다 조금 아래여서 전체로 본다면 꽤 높은 것으로 되어 있다.

우리들 인간은 조물주로부터 영광과 명예를 물려받았다. 그렇다면 인간은 자신감에 넘쳐야 한다. 그런데 사실은 그렇지 못한 경우가 너무나도 많고, 그 무엇인가가 인간들에게서 행복해지는 데 꼭 필요한 자신감을 빼앗아가 버린 것이다. 그 결과,

열등감에 빠져 있는 사람이 으레 쓰는 넋두리인데, 자기 자신에 대한 평가와 이미지가 형편없이 낮아지게 되고 결국에는 비참하게 된다.

마음속에 존재하는 두 가지 대립

우리들의 마음속에는 서로 다투는 두 가지의 대립된 존재가 있다. 강함과 약함, 대담함과 비겁함, 큰 것과 작은 것이 항상 갈등하고 있다. 어느 누구의 마음에나 '큰 자기'와 '작은 자기'가 있어서 더러는 '작은 자기'가 '큰 자기'를 못 쓰게 만들어 버리는 것이다.

part 8.
위기를 극복하는
좋은 습관

0801 전환점을 생각하자

❦

스포츠 용구 세일즈를 하는 S라는 사람이 있다. 약 1년 전에 그는 토목 회사 계통의 일을 하고 있었다. 그전에는 식품회사에 근무했었다고 한다.

그의 과거 직업을 거슬러 올라가면 대단한 직업경력을 갖고 있다. 하여간 그의 전직 경력은 보통 이상으로 다양하다.

그러나 그렇게 때도 없이 전직하다 보면 '경력은 힘이다' 라는 말의 힘을 발휘할 사이가 없다. 따라서 결실도 적을 것이며 신뢰성도 쌓지 못할 것이다.

S의 경우는 좀 특별한 경우이긴 하지만 요사이는 대체로 전직이 유행하고 있는 것 같다. 기업의 빠른 성장과 신흥 기업이 잇달아 나타나고 있기 때문에 전직하는 사람도 늘어나는 실정이다. 따라서 인재의 스카웃도 격렬해진다.

인생은 20년마다 새로운 전환점이 찾아온다는 말이 있다. 여기에서 각자 인생의 '전환점' 에 대해 생각해 보도록 하자.

학교를 졸업하고 회사에 들어간다. 즉 학생시절에서 사회로 뛰어드는 것이다. 이것이 첫 번째 전기이다.

입사하여 3년쯤 지나면 회사의 업무와 모든 분위기에도 익숙해진다. 이 때쯤 되면 '지금 내가 하고 있는 일은 아무래도 나에게 맞지 않는 것 같아' 라는 식의 생각을 품기도 한다.

그래서 좀더 자신에게 좋을 것 같은 직업으로 전직하게 되는데 이것이 두 번째 전환점이다.

35세가 지나면 일에는 베테랑이 된다. 그러나 이 무렵이 되면 대체로 상사나 부하 직원과의 잦은 충돌이 생겨난다. 중견 간부를 목표로 부지런히 여기까지 왔지만 이제 더 이상 여기서는 근무할 마음이 없다고 판단하여 전직을 결심하게 되는 경우이다. 이것이 세 번째 전환점이다.

보통 "전직은 35세 때까지만 하라."고 한다. 그럼 한 번 사업을 창업한 경우 성공한 사람들의 내역을 들어보자.

그것에 의하면 20대에 창업하여 성공한 사람이 5할, 30대에 창업한 사람이 4할, 40대가 되어 창업하여 성공한 사람도 불과 1할이라고 말하고 있다.

인생 전체로 보면 첫 번째 전환점은 20대라 하는 것이 이것으로 명확해진다. 20대에 우선 뜻을 세우고 나서 방향을 정하고 활동을 시작한다.

20년마다 새로운 전환점이 찾아온다는 설대로라면 다음의 전환점은 40대가 될 것이다. 회사로 말하자면 부장·과장의 직책을 얻고 있을 때이다. 그대로 정년을 맞이하는 사람도 있다. 혹은 비약하여 중역의 길을 걷는 사람도 있다.

하여간 일을 마치고 한 단락을 짓는 때가 60대이다. 인생의 세 번째 전환점이라 할 수 있다. 인간의 수명이 연장되었으므로 여기서 다시 한 번 새로운 꿈을 추구하게 된다.

이런 식으로 우리 인생을 생각해 보면 전환점에서의 처신이 대단히 중요하다는 것을 잘 알 수 있다.

이 전환점을 어떻게 슬기롭게 극복하느냐가 중요한 관건이 되는 것이다.

조바심을 버리자

어느 의대 교수는 〈마음으로 발생하는 육체의 병〉이란 그의 저서 속에서 다음과 같이 말하고 있다.

"고등어만 먹으면 언제나 설사를 하는 청년이 있었다. 그 청년에게 바륨(위나 장의 렌트겐 촬영시에 환자에게 먹이는 조경제)을 먹게 하였다. 그리고 '지금 자네가 마신 바륨에는 고등어 엑기스가 들어 있다.'고 알려 주었다. 그러자 금세 그 청년은 화장실로 달려갔다. 그러나 사실 그 속에는 고등어 엑기스 따위는 전혀 들어 있지 않았다. 그런데도 그는 설사를 일으킨 것이다."

이 교수의 이야기에 의하면 설사의 원인은 일종의 공포심이라 한다. 이러한 예는 결코 진귀한 것이 아니다.

예를 들면 마음의 피로가 계속 쌓이게 되면 위의 점막에서 출혈이 생기기도 하고 짓무르기도 한다는 것이다. 또한 격심하게 화를 내면 위가 충혈된다는 사실도 밝혀져 있다. 심장에 대해서도 마찬가지라고 한다.

다른 것에서는 이상이 없는데도 이상하게 심전도에서만 이상이 나타나는 환자가 있었다. 몇 번이나 측정해 보아도 이상이 나타나는 것은 여전했다. 그래서 시험적으로 환자가 잠이 든 사이에 심전도를 측정해 보았더니 그때는 정상이었다. 그런데 이 결과를 본인에게 알린 뒤에 다시 측정해 보았더니 이번에는 비정상이란 데이터가 나타났다.

이러한 결과는 이 사람이 "심전도를 측정한다."라는 것에 대단한 불안을 느끼고 있었기 때문이라고 그 교수는 판단했다.

이 예에서도 알 수 있듯이 '마음의 작용'이 우리들의 신체를 지배할 수 있는 것이다.

마음의 작용이 몸 전체를 지배한다

불안, 초조, 긴장, 공포… 이런 것이 발생하면 자율신경의 활동이 이상해진다는 것이다. 그렇게 되면 심장기관도 고장을 일으키게 된다.

역시 "병은 마음에서부터 시작된다."고 전해 내려오는 격언이 맞는 말이다.

어떤 통계에 의하면 내과를 방문하는 환자 두 사람 중 한 사람이 정신병이라고 보고되어 있다. 즉, 병의 50퍼센트는 마음에서부터 비롯된다는 사실을 입증한 셈이다.

그 환자의 80퍼센트가 '가정 내의 분쟁'이 원인이라 한다. 가정의 분쟁 속에서 부모와 자식간의 트러블이 30퍼센트, 부부의 불화가 25퍼센트, 시어머니와 며느리의 불화가 5퍼센트였다고 한다.

그러나 농촌의 가정을 대상으로 한 조사에서는 시어머니와 며느리의 불화가 25퍼센트라는 높은 비율을 차지하였다고 한다. 이 같은 결과는 도시보다는 농촌이 대가족 체제를 유지하고 있기 때문으로 풀이된다.

이들 '가정 내의 분쟁'의 심각성에서 본다면 '직장에서의 고민' 따위는 대단한 것이 아니라 할 수 있을 것 같다.

'생명보다도 중요한 것은 평상시의 건강'이라고 할 수 있다. 그러므로 건강한 신체를 유지하기 위해서는 '평상시에 밝고 명랑한 마음가짐'과 긍정적인 사고를 지니는 것이 무엇보다 중요하리라 생각된다.

0803

배수의 진을 쳐라

배수의 진을 치라는 뜻으로 "당신 뒤에 놓인 다리를 불태워 버려라."는 유명한 말이 있다.

"자신이 건너온 다리를 불태워 소각시켜 버려라. 그렇게 하면 다시는 되돌아갈 수 없다. 이제 남은 것이란 오직 전진뿐." – 이것이 우리가 말하는 '배수의 진' 이라 할 수 있다.

줄리어스 시저와 '배수의 진' 에 관한 이야기는 유명하다.

시저의 군대가 영국에 상륙했을 때의 일이다. 시저의 군대는 배로 해협을 건너왔다. 그리고는 만에 하나 싸움이 불리해지면 배를 타고 도망갈 생각으로 배를 정박시켜 두었다. 통상적으로 그렇게 하는 것이었기 때문이다.

그런데 어찌된 이유인지 시저는 부하에게 명령하여 아군의 배를 하나도 남김없이 태워버리도록 한 것이다. 병사들은 놀란 나머지 절규하였다. 도망갈 길이 완전히 차단된 셈이 되므로 그들이 놀라는 것은 당연하다 할 수 있다. 병사들은 시저가 미친 것이 아닐까 하는 생각까지 했다.

시저는 그들에게 이렇게 말하였다.

"전진하는 것 외에 자유란 우리에게 없다. 이런 각오를 할 때만 인간은 무한한 힘이 용솟음치게 마련이다. 비틀거리게 되어도 쓰러지지 마라. 기력이 쇠진하여 더 이상 한 걸음도 움직일 수 없다는 생각 따위는 하지 마라. 자신의 힘을 약하게 평가하지 마라. 아직도 무한한 힘이 남아 있는 것이다."

위기 때에 나타나는 무서운 인간의 힘

정말 터무니없는 이야기라고 느낄지도 모른다. 그러나 이 이야기에는 인간의 무한한 힘에 대한 교훈이 내포되어 있다. 가령 당신이 너무 지쳐서 더 이상 한 걸음도 움직일 수 없게 된 상태라 생각해 보자. 그때 화재가 발생하여 불길이 당신을 향하여 다가오고 있다면 그래도 당신은 한 걸음도 움직일 수 없다고 자신의 몸이 불에 타는 대로 그냥 놓아두겠는가?

물론 대다수의 사람들이 전력을 다해 뛰어나가며 그 상황에서 도피할 것이다. 다시 말해, 아직 전력을 다 소모한 상태가 아니라는 말이다.

병을 빨리 고치려고 서두르면 도리어 병이 덧나게 된다. 조급한 마음을 버리고 치료를 꾸준히 계속하면 자연스럽게 낫게 된다. 병은 우리의 생각과는 반대로 중병환자 쪽이 낫기 쉬운 경우가 있다고 한다. 이것은 모든 치료법에서 더 이상의 희망을 찾지 못한 채 그저 오로지 자신의 생명력에만 의존하게 되기 때문이라고 한다. 모든 길이 차단되어 버린 상태. 즉 '배수의 진'에 의하여 자연 치유력이 발생하게 되는 것이다.

이것은 우리들의 일에도 적용이 된다고 할 수 있다. 경기가 나쁘다. 조건이 좋지 않다. 장소가 나쁘다, 부하직원이 신통치 않다. 상사가 나쁘다 등 하여간에 우리들은 '변명' 이란 도망칠 길을 마련해 두고 있다.

어떤 일에 실패했을 때 자신이 돌아갈 다리가 없다는 생각으로 자신의 모든 것을 바쳐 전념할 수 있도록 그것을 불태워 버리는 각오가 필요하지 않을까!

0804
'어차피' 라는 생각은 말자

❧

"야구나 테니스를 시켜 보면 잘 알 수 있습니다. 요즘 아이들은 공을 열심히 따라다니지 않습니다. 도중에 그냥 단념해 버리곤 하지요."

어느 중학교 체육 선생님의 푸념이다.

또 학생들의 변명을 들어보면 이러하다.

"어차피 잡지 못할 텐데 무리해서 따라가는 것은 체력만 소모할 뿐인 걸요."

듣고 보면 나름대로 이해가 될 것 같은 변명이다. 그들의 사고방식은 이와 같이 합리적이다. 그러나 그들은 대단히 잘못된 생각을 갖고 있다고 본다. 왜냐하면 그들의 이유는 "얼굴을 씻어도 어차피 다시 더러워질 테니까 씻을 필요 없다."는 것과 같은 이유이기 때문이다.

"숨을 쉰다 하여도 어차피 다시 내뱉을 것인데, 숨을 쉬어 봤자지."라는 사고방식과 오십보백보인 셈이다.

이 '어차피'란 대단히 위험한 생각이다. 어차피라고 정해버리는 나쁜 습관은 버리지 않으면 안 된다.

"어차피 안 될 것이 뻔해."

"어차피 잘 될 리가 없어."

"어차피 거절당할 거야."

"어차피 틀어질 일이야."

이런 말들은 모두 마이너스적 사고방식이다.

'어차피'라는 말을 입 밖에 내는 사람은 예외 없이 모두 무기력한 자들 뿐이다.

앞서 언급한 중등학교 선생님의 이야기로 되돌아가 보자.

그 학교 교정에서 운동선수들이 줄을 맞춰 달려간다. 그 선수들은 모두 큰소리로 "아자! 아자!" 하면서 뛰고 있다.

앞에서 언급한 대로 '어차피'라는 이유에 맞추어 본다면 '아자!'란 소리는 헛된 에너지 낭비에 불과하다. 힘껏 소리를 내지르지 않고 그냥 묵묵히 달리기만 하는 쪽이 더욱 합리적이니까. 우선 소리를 지르면서 달린다면 도리어 금방 피로를 느낄 것이다. 그러나 선생님의 말을 빌리자면 그 '파이팅!'에는 커다란 의미가 있다고 한다.

큰 소리로 용기를 스스로 얻는다

실제적으로 기운이 넘쳐나서 큰소리를 지르는 것이 아니라는 것이다. 소리를 크게 지름으로써 기운이 난다고 한다. 온몸은 녹초가 되어 있을지라도 소리를 크게 내지름으로써 기운차게 계속 질주할 수 있다는 것이 선생님의 이론이다. '파이팅!' 이란 함성 소리는 그런 의미에서 결코 헛된 것이 아니다.

서커스의 코끼리는 평상시에는 쇠사슬에 묶여 있다. 그것이 연결 되어 있는 말뚝은 빈약한 것이다.

코끼리 코의 힘 정도라면 간단하게 그런 말뚝은 뽑아버릴 수 있다. 그러나 코끼리는 뽑으려고 하지 않는다. 어린 코끼리 시절부터 그렇게 묶여져 있었기 때문이다. 어린 코끼리 시절 힘껏 뽑아보려고 했지만 소용이 없었던 것이다. 때문에 거대한 몸집을 지닌 어른 코끼리가 된 지금도 "어짜피 안 될 거야." 하고 체념한 채 그 말뚝을 뽑으려고 시도하지 않는 것이다.

사실 코끼리는 그것을 뽑을 힘이 능히 있는데도 힘을 쓰지 못하고 있는 셈이다. 그저 코끼리의 어리석음을 보며 웃을 수만은 없는 이야기라고 생각한다.

0805

변화에 대응하는 습관

&

경영이란 변화를 도모하는 일이다. 바야흐로 시대는 국제화의 물결과 소비자의 의식변화 등 대내외적으로 모두 '고정에서 변화로의 여명기'에 있는 셈이다. 기업은 말할 나위도 없고 비즈니스맨 역시 의식의 변혁이 급선무이며 지금이야말로 강한 결의와 각오로 의식의 변화를 행동으로 옮겨야 할 때이다.

변화의 시대에는 변화로 대응하는 것이 최대의 비즈니스 테마이다. 이것은 경영자뿐만이 아니라 일반 비즈니스맨에게 있어서도 가장 중요한 테마인 것이다.

"지금까지의 방식으로는 앞으로 통용되지 않는다."는 의식을 가지고 자기 변화를 꾀하지 않는다면 실력주의, 능력주의의 후배들에게 뒤처지게 될 것은 불을 보듯 명확하다.

또 비즈니스맨의 능력 차이는 기술 혁신에 수반하여 확대되는 경향이 있으므로 당연한 처우에도 차이가 생기는 '개성화' 시대로 접어들었다. 앞으로는 비즈니스맨을 둘러싼 상황이 보다 심각해질 것을 시사하고 있다.

또한 능력 차의 확대에 의한 새로운 경쟁시대의 노래를 나타낸 기업의 인재 조정 시스템에 관한 보도를 통해 무엇을 알 수 있는가. 그것은 이후로 기업의 경영 전략의 주류는 '인재 육성'으로 산업이 경박단소(輕薄短小)화 되는 속에서 비즈니스맨의 능력이 직접 문제시되는 시대가 되었음을 알 수 있다.

이러한 사실로부터 각 분야에서 새로운 전문가가 요구되며 이미 각 방면에서 이런 실정이 반영되고 있다.

다시 말하면 시대의 변화와 더불어 새로운 비즈니스가 생겨나며, 새로운 인재가 요구되고, 새로운 고용 관계가 성립한다. 요컨대 가속적인 변화를 이룩하는 국제화, 정보화, 서비스화, 소프트화, 시스템화, 고도화의 시대에서는 기업을 둘러싼 사회적 조건의 변화를 한 시라도 빨리 감지하지 않으면 살아남을 수 없는 것이다. 습관이나 전통에 구애됨 없이 시대의 필요성을 정확하게 평가하여 신속한 판단과 실행으로서 자신의 일에 대한 질적 향상과 폭을 넓혀가려는 노력이 절실하다. 나아가서 문제의식을 가지고 과거의 성공형에서 과감하게 탈피하여 새로운 자기 개혁을 꾀하지 않으면 안 될 시기가 오고 있다.

0806 변명하지 않는 습관

❧

"당신에게 국가가 무엇을 해줄 것인가를 기대하지 마라. 그것보다도 국가를 위해 당신은 무엇을 할 수 있는지를 생각해 보라."

이것은 미국의 대통령으로 인기가 높았던 케네디의 유명한 연설 중 한 구절이다.

적극성과 행동력의 중요성을 미국 국민에게 호소한 명언으로 유명하기도 하다.

이 말은 "자신이 상대를 위해서 해줄 수 있는 일이 무엇인지 잘 생각해 보라."는 의미도 된다.

예수의 가르침인 "남이 너에게 베풀어주기를 원하는 대로 남에게 베풀라."와도 일맥상통하는 말이다.

상대의 입장이 되어 생각해 보는 습관, 그리고 아무리 사소한 일일지라도 그 생각을 행동으로 옮기는 실행력. 이 두 가지는 대단히 중요한 일이라 생각한다.

그리고 또 한 가지 중요한 것은 적극성이다. 소극적인 사람이 적극적으로 되는 비결은 '먼저 선수를 친다' 는 것이라 생각한다. 소극적인 사람에게는 이것이 가장 힘든 것이기 때문이다.

다른 사람과 이야기를 나눌 때도 우선 결론부터 지어 이야기하도록 유의해야 한다. 연회석이나 회의석상에서도 서두로 결론을 먼저 매듭짓고 이야기를 풀어나가면 그 사람의 이야기에 어느덧 빨려들게 마련이다.

가령 직원이 사장에게 업무의 결과 보고를 한다고 가정하자. 유감스럽게도 보고 내용은 좋은 결과가 아니므로 그 직원은 말하기 괴로울 것이다.

그가 소극적이고 나약한 타입이라면 "실은…" 하고 변명의 서두부터 꺼내지 않을까? 교묘하게 변명을 늘어놓고자 이리저리 돌리는 바람에 이야기가 횡설수설하게 된다.

그의 변명 내용은 일단 먹혀 들어갈지 모른다. 하지만 그 변명은 어디까지나 사장에 대한 방어라 할 수 있다. 즉 모면하기 위한 자세에 불과한 것이다. 그런 직원의 태도를 눈치 챈 사장은 어떻게 느끼겠는가?

"그래서 어찌 되었다는 거지? 변명만 늘어놓으면 결과는 어찌되는 것인가? 결과를 빨리 말하게. 결과를!" 하고 사장은 화를 내기 시작할 것이다.

이렇게 되면 나약한 직원은 고개를 숙인 채 어찌할 바를 모르고 눈치만 살피게 될 것이다. 한편 사장 쪽에서는 "역시 그는 안 되겠어. 그는 쓸만한 인재가 못 돼." 하고 그 직원에 대한 평가를 한 단계 낮추게 될 것이다.

그러므로 적극성을 몸에 익히기 위해서는 일단 결론부터 앞서서 언급하는 것이 포인트라 생각한다. 그리고는 상대의 기선을 제압하도록 해야 한다.

다시 말해 상대를 향해 먼저 이쪽에서 볼을 던져 보는 것이다.

상대쪽에서는 당연히 그 볼을 "어떻게, 그렇게 되었지." 하며 되던질 것이다.

매사에 우유부단하지 않고 '선수를 쳐서 행동' 하는 자세가 중요하다.

곤란한 상황도 즐길 수 있는
여유를 가져라

인간의 신체 중에서 가장 활발하게 혈액이 순환하고 있는 부분은 뇌세포라고 한다. 이 뇌세포의 혈액이 언제나 신선하고 좋은 양분을 운반한다면 아무리 끊임없이 움직일지라도 우리들의 뇌는 조금도 피곤하지 않은 것이다. 그러나 걱정, 불안, 공포, 의심 등 미리 앞질러 하는 염려로부터 발생한 독소가 혈액으로 들어가면 뇌의 작용은 점차 둔해진다고 한다. 그렇게 하여 마음의 염려에서 발생한 독소를 뇌세포에 제공하기 때문에 뇌의 움직임에 이상이 생기는 것은 당연한 일이라고 생각한다. 그러므로 우리들은 가능한 한 사소한 염려에 사로잡히지 않도록 노력할 필요가 있다.

다른 사람을 고용하는 입장이라면 일단 그 사람을 신뢰하는 것이 중요하다. "내가 눈을 번뜩거리며 감시하지 않으면 종업원들이 태만하거나 무슨 짓을 저지를지 모른다." 는 식의 지레걱정은 하지 않는 것이 좋다.

걱정, 불안, 초조, 두려움, 의심 따위의 지레걱정을 하게 되면 진짜 현실 속에서도 그런 일이 벌어지게 된다는 자연의 법칙이 있다. "병을 지레 걱정하면 그 병을 불러들이게 된다."는 것도 자연의 법칙이다. 다시 말해 '인과의 법칙'인 셈이다.

그러므로 옛날부터 "환자와 가까운 사람이 간호를 해서는 안 된다."는 말이 있다. 가족이라든지 가까운 친지나 친구 등 환자와 가깝게 지내던 사람이 간호를 하게 되면 도리어 환자에게 이롭지 못하다는 뜻이다. 가까운 사람일수록 아무래도 환자 옆에서 걱정스러운 얼굴이나 슬픈 표정을 짓게 되기 때문이다.

그렇게 되면 환자는 "내 병은 대단히 중병인 모양이지." 하고 민감하게 그것을 감지하고는 필요 이상으로 걱정과 불안, 두려움 등의 좋지 못한 감정에 사로잡히게 된다. 따라서 병으로 이리저리 고민하게 되면 증세는 날로 악화되기만 할 뿐이다. "힘들 때 안절부절하면 더더욱 힘든 사태를 불러들인다."는 말도 이와 같은 이치이다.

그러고 보니 생각나는 일이 하나 있는데 필자도 위장 상태가 좋지 않아서 몹시 고생한 시기가 있었다. 그때는 무엇을 먹든지 잠시 후에는 위가 아프기 시작했고 매일 설사를 했으며 드디어는 아무것도 먹을 수 없는 극한 상태에 도달했던 것이다. 의사와 병원을 전전하며 약도 여러 가지 복용해 보았지만 약마저 토해내는 지경에 이르게 되었다. 정말이지 괴로운 매일매일의 연속이었다.

그러던 필자가 이제는 완선히 건강을 되찾게 되었다. 건강해진 이유 중의 하나는 '족심도'라는 건강술을 받아들였기 때문이다. 그리고 또 하나는 '마음가짐의 개혁'이었다. 위장은 단순한 장기로서 그 자체의 힘으로 아프게 하거나 설사를 하게 만들지는 않는다. 그러므로 "신체는 마음의 지배를 받는다."는 진리를 깨달은 후에는 그때까지 안달하던 마음이 평정을 되찾게 되었고 서서히 건강을 회복하는 계기가 되었다. 반복, 복창의 중요함을 명심하고 확인하는 자세를 습관화하는 것이 실수를 줄일 수 있는 비결이라 하겠다.

위기를 전화위복의 계기로
만드는 습관

필자는 오래 전에 일본에 갔었는데 아는 사람의 초대로 스모를 구경하게 되었다. 내가 앉은 자리는 씨름하는 광경이 정면으로 보이는 이른바 특석이었다. 때문에 스모선수들의 표정을 놓치지 않고 하나하나 아주 자세히 관찰할 수 있었다.

한참 관전하는 동안에 필자는 한 가지 특이한 점을 발견하게 되었는데 그것은 바로 스모선수들의 표정에 관한 것이다. 상대 장사와 대전하기 전의 장사들의 표정이 승패와 관계가 있다고 하는 발견이었다.

경기장으로 올라오는 장사의 표정을 살피면서 필자는 동석한 친구에게 예언하였다.

"이번 경기에서는 오른편 장사가 이길 걸세."

나의 귓속말처럼 과연 결과는 들어맞았다. 그 예언이 거의 적중했기 때문에 친구는 대단히 놀란 모양이다. 물론 우연히 맞춘 것에 불과하다. 그러나 의욕이나 자신감 같은 마음의 상태가 그 사람의 눈이나 얼굴에 잘 나타나 있는 것만은 확실하였다. 동작에서도 그것이 표출되고 있는 것 같았다.

천하장사가 컨디션이 최고일 때는 닥치는 대로 모조리 상대를 쓰러뜨린다. 이럴 때는 자신감과 의욕이 그의 온 몸을 지배하고 있다. 그것은 표정에도 적나라하게 드러나고 있는 것이다.

그렇지만 첫날부터 생각지도 못했던 장사에게 지기라도 하면 어떻게 할까? 제아무리 천하장사라 할지라도 몹시 마음이 동요될 것이다. 까딱 잘못하다가는 나약한 감정에 지배되기도 한다. 이렇게 되기라도 하면 아주 낭패다. 두 번째도 세 번째도 연달아 질 위험이 있기 때문이다.

이것은 스모에서만이 아니다. 모든 승부를 겨루는 세계에서 통용되는 사태가 아닐까? 마음의 자세를 회복하는 것이 사태를 역전시킬 수 있는 포인트가 될 것이다.

비즈니스의 세계에서도 이는 매한가지라고 생각한다. 생각한 대로 업적이 오르지 않고 부진한 상태에 빠지게 되면 누구든지 초조해지기 마련이다. 자신은 계속하여 역전을 면치 못하는 데 라이벌은 순풍대로를 달려간다. 그렇게 되면 더욱 초조해져 발버둥치게 되는 악순환에 빠져들게 된다.

우리들은 일을 진행하는 데 있어서, 또는 가정생활에 있어서도 난국에 부딪치는 일이 얼마든지 있다. 그런 경우에 직면하게 되면 아주 침체되어 버리는 사람도 있다. 그 반면에 그것을 찬스로 붙잡아 '재난이 변하여 복이 된다.'라는 속담처럼 이끌어 나가는 사람도 있는 것이다.

지금 가령, 매상이 몹시도 부진한 음식점이 있다고 치자. 이 가게에서 필요한 것은 마음의 자세를 만회하는 일이라 생각한다.

지금까지 음식 맛은 어떠했는가. 손님을 대하는 태도는 어떠했으며 가게 안의 구조는 어떠했는가 등등을 다시 생각해 볼 찬스로 활용하는 것이다. 솔직한 심정으로 대처해 나간다면 반드시 새로운 길이 열릴 것이다.

인간의 역사를 뒤돌아보아도 전쟁이나 천재지변 등의 난국에 직면할 때마다 새로운 지혜로서 그 어려움을 진보적인 발전으로 연결시킨 일이 많았다. 위기를 찬스로 바꾸려는 노력과 마음가짐 그런 습관이 절실히 요구된다.

part 9.
시간을 효과적으로 사용하는 좋은 습관

시간관리가 돈이다

❦

"시간은 돈이다." 직장인들 사이에서 이런 말을 자주 듣는다. 직장인들 뿐인가. 학생, 가정주부 등 모든 사람은 하루 24시간을 잠자는 시간을 빼고 어떻게 활용할 것인지 고민한다.

이렇듯 시간이 중요함에도 불구하고 실제 사람들의 행동은 전혀 그렇지 않다. "오늘도 어제와 똑같은 것 아니야."라고 생각한다. 그러다가 주변에서 시간이 중요하다고 하면 그제야 "시간을 잘 관리해야 하는데..."라고 말할 뿐이다.

성공한 사람들은 대부분 아침에 일찍 일어난다거나 하루의 스케줄을 짜서 움직인다. 그리고 하루에서 일주일까지 세심하게 시간 계획표를 세워 두고 움직인다. 이는 그만큼 시간을 관리하겠다는 의미이다.

그러나 일반 사람들은 시간관리를 한다는 것 자체가 쉽지 않다. 시간관리가 철저하게 습관이 된 사람들은 자기관리를 하고 시간을 맞추기 때문에 가능하지만, 평소 시간관리 습관을 익히지 못한 사람들은 그리 쉽지 않다는 것이다. "직장에서 하는 일이 뻔한데 무슨 시간관리야." 하면서 말이다.

그러나 어떠한 상황에서도 시간을 관리하겠다고 굳게 마음먹으면 실천할 수 있는 것이 시간관리다. 시간을 잘 관리하고 시간을 활용하는 데 성공한 사람들의 습관을 살펴보면, 이들도 처음부터 시간관리를 잘한 것이 아니라 처음에는 상당히 어려웠다고 한다.

나는 호텔에서 근무하면서 기업체 사장이나 회장들을 수십 명 만났으며, 이들과 같이 회사를 운영하면서 일한 적도 있다. 물론 호텔을 운영하는 사람들 모두 성공한 것은 아니지만, 그래도 호텔을 성공적으로 운영한 사장들은 대부분 시간관리가 철저하다.

그들을 곁에서 지켜보니 철저하게 시간을 관리하고 있다는 것을 알았다. 나는 그들에게 시간관리하는 습관에 대해 물어본 적이 있다.

그들의 말을 빌리면 처음 시간관리 습관을 기르기 위해서는 먼저 일주일 동안 자신의 시간에 대해 철저하게 평가를 해보라는 것이다. "일주일 동안 내가 뭐했나?"라는 사람도 있고 "일주일 동안 한 일이 많군."이라는 사람도 있다. 특히 일주일 동안에 무의미하게 보낸 사람이라면 자신의 시간평가를 확실하게 해야 한다.

일단 일주일을 시간으로 환산하면 168시간이 되는데 여기서 잠자는 시간을 빼면 자신의 시간을 어떻게 보냈는지 알 수 있다. 일주일을 평가하는 것이 너무 길면 일단 하루 단위로 끊어서 해본다.

예를 들면 하루는 24시간이므로 7시간 수면을 취하면 17시간이 남는다. 이 시간 중에서 자신의 직장, 자영업, 공부, 운동 등 실질적으로 업무와 연관되어 소비하는 시간을 빼버리면 활용할 수 있는 시간이 나온다. 그 다음에는 활용할 수 있는 시간에 대해 "바둑만 두고 있었군." "술 마시는 것이 대부분이야." 등 자신이 시간을 어떻게 보냈는지 알 수 있다는 것이다.

그리고 평가한 시간에 대해 "나는 정말 시간을 알차게 보냈군."이라는 생각이 들면 시간관리를 잘 하는 사람이지만, 그렇지 않은 사람, 예를 들면 자신의 하루 시간을 평가해본 후 후회하는 사람이라면 반드시 시간 스케줄을 짜는 것이 좋다.

물론 시간 스케줄을 짜지 않고도 얼마든지 하루의 시간을 관리할 수 있겠지만, 제대로 안 되는 사람은 내일의 시간에 대해 미리 스케줄을 짜라는 것이다. 책상 위에 백지를 올려놓고 잠자는 시간, 아침에 일어나는 시간, 운동하는 시간, 식사 , 업무, 휴식, 면담 …… 등 하루의 일정을 짜서 행동을 해보라는 것이다.

처음에는 상당히 힘들지만 나중에는 습관이 되어 하루의 스케줄을 굳이 짜지 않아도 마음속으로 가능하다. 처음부터 무리하게 일주일, 한 달 동안의 시간계획을 세워 놓고 지키지 않으면 나중에는 시간에 대한 감각도 무뎌지고 "지키지 못할 시간계획을 세워봤자 무슨 소용이 있어."라며 포기하게 된다.

하루 일정에 대해 시간표를 짜는 일이 보기에는 쉽지만 실제 습관으로 옮기기까지는 상당한 결심이 필요하다. 호텔을 운영해 돈을 많이 번 사람들은 대부분 하루의 시간을 철저하게 관리하고 평가한다.

처음부터 거창하게 시간목표, 달성할 목표, 평가 등을 세워놓고 지키지 않는 사람이 의외로 많다. 모든 습관은 처음에는 아주 쉬운 것부터 행동으로 옮기지 않으면 절대 따라하기가 쉽지 않다. 오늘 하루도 어떻게 보낼까 걱정하는데 어떻게 일주일, 한 달의 시간관리를 미리 세울 수 있단 말인가.

시간관리는 농부가 농사를 짓는 것과 마찬가지이다. 밭에 감자를 심어놓기만 한다고 좋은 감자를 수확하는 것은 아니다 일찍 일어나 풀도 뽑아주고 거름도 주고 물도 주고 감자밭을 얼마나 잘 관리하느냐에 따라 감자수확을 기대할 수 있다.

마찬가지로 시간관리도 하루의 시간에 대해 계획표를 짜고 거기에 맞추어 행동하고, 또 저녁에는 하루의 스케줄에 대해 평가해야 비로소 좋은 결실을 맺을 수 있다. 그러다 보면 하루가 이틀이 되고, 한 달, 일 년의 시간이 관리되는 것이다. 처음에는 하루라도 분명하게 시간 평가와 시간 스케줄을 짜는 습관을 들여 보자.

메모하는 습관

는 표지(헤더) 이미지이다.

〈유대인의 상술〉이라는 책은 유대인들이 메모에 얼마나 많은 관심을 기울이는지 보여준다. 이들은 어떤 장소에서도 중요한 것은 반드시 메모를 한다고 하니, 돈을 많이 번 이유를 알 만하다.

이들의 메모하는 방법은 거창하게 노트를 준비하거나 별도의 메모용지가 필요 없다는 데 놀라지 않을 수 없다. 담배를 사고 난 뒤 담배는 케이스에 담고 담배 종이 위에 메모를 한다고 한다.

그리고 비즈니스상 중요한 날짜, 금액, 납품기일 등을 꼭 적어놓는다. 사실 비즈니스에서 이것보다 더 중요한 것이 어디 있는가. 그래서 유대인들은 '애매함을 용서하지 않는다'는 유대인의 상술을 지키는 것이다. 이렇듯 유대인들은 상대방과의 약속을 지키기 위해 메모를 하며 애매모호한 약속은 하지 않는다.

일반적으로 사람들은 "그래, 그때쯤 납기를 맞추지."라고 말한다. 물론 약속이라는 것은 반드시 지켜야 할 것도 있지만 그렇지 않은 경우도 있다.

그러나 상대방과의 약속에 대해 별도의 메모를 해놓으면 잊어버리지 않고 약속을 지킬 수 있어 신뢰가 두터워지는 것이다. 이 모든 힘이 바로 메모에서 나온다.

아마 당신도 그 유명한 〈안네의 일기〉를 읽어보았으리라. 13살의 소녀가 전쟁 중에 독일 병사의 눈을 피해 숨어 지내면서 남긴 일기가 세계적인 명작이 된 것이다. 물론 메모와 일기는 다르지만 기록을 한다는 면에서는 같다고 할 수 있다.

오늘날 인터넷의 등장으로 하루에도 수백 개에서 수만 개의 정보를 접할 수 있다. 이 많은 정보를 모두 기억하기란 불가능하다. 물론 모든 정보를 다 기억할 필요는 없다. 그러나 자신에게 중요한 정보라면 반드시 메모하는 습관을 들여야 한다. 사람들은 쉽게 잊어버리는 습성이 있기 때문이다.

사람들은 메모가 중요하다는 것을 알면서도 메모하는 것을 상당히 귀찮아하거나 어렵게 생각한다. "그냥 머릿속에 외우지 뭐, 메모까지 하나." 하면서 메모하는 것을 꺼린다.

그러나 기업에서 아이디어 왕으로 선발된 사람이나 유명 인사들을 자세히 살펴보면 한결같이 메모를 한다. 아주 작은 메모지를 준비해서 때와 장소를 가리지 않고 자신에게 도움이 된다고 생각하는 정보는 반드시 메모를 한다.

메모하는 습관은 그리 어려운 것이 아니며, 누구나 매일 메모하는 습관을 가질 수 있다. 호텔에서 근무할 때 한 기업체의 회장을 알게 되었다. 그는 비즈니스 차원에서 호텔에 자주 왔다.

　나는 일본어를 조금 하기에 바이어 상담을 하는 경우 가끔 통역도 해주었는데, 회장은 항상 메모수첩을 가지고 다니면서 적었다. 물론 비즈니스 차원에서도 적지만 호텔에서 서비스를 잘 하는 사람의 말투까지 적기도 했다. "회장님, 무엇을 그렇게 적습니까?"라고 물으면 "그냥 생각나는 것을 적는 거야."라고 한다. 그의 나이는 70살이 다 되어가지만 메모하는 습관만은 그 누구도 따라갈 수 없다.

　그에게 물어보았다. "메모하는 것이 귀찮지 않습니까? 그리고 메모를 하면 무슨 좋은 이득이 있나요?" 그는 메모는 누구나 할 수 있는 것이며, 습관을 들이면 일상생활에서 아이디어를 창출하는 데 아주 좋다고 말해주었다.

　그를 통해 익힌 메모하는 습관을 간단히 적어보겠다.

　첫째, 메모하는 습관을 들이기 위해서는 항상 메모수첩과 필기도구를 가지고 다녀야 한다. "볼펜이 없는데 좀 빌려주세요."라고 하면 평소 메모를 잘 하지 않는 사람이다. 항상 준비해두어야 한다.

　두 번째는 메모를 하면 마음이 안정된다. "아, 생각이 안 나네. 그때 누구더라?" 하는 아쉽고 안타까운 마음이 없어진다. 메모한 내용을 보면 "그래 맞아." 하면서 금방 알아차리니 조급하게 생각할 필요가 없다는 것이다.

　세 번째는 즉석에서 생각나지 않지만 궁금증이 있는 것은 메모해 놓았다가, 집에 가서 한가한 시간에 다시 그 메모를 보면 "그래, 이렇게 하면 되겠네." 하고 새로운 생각이 떠오른다.

네 번째는 실수하지 않는다는 것이다. "이봐, 박 대리, 일주일 전에 지시한 견적서 아직 안 됐어?"라고 사장이 물을 때 "사장님, 깜빡 잊었습니다. 죄송합니다."라고 할 일이 없다는 것이다. 이렇게 깜빡 잊어버린 경우 사람들은 "내가 벌써 나이가 들었나. 건망증이……" 하면서 자신을 책망한다. 그러나 메모를 해놓으면 절대 그런 일이 발생하지 않는다.

마지막으로 메모를 해놓으면 평소 대수롭지 않게 생각했던 것도 시간이 지난 다음에 보면 엄청난 결과물을 가져올 수 있는 단서가 되기도 한다. 그러나 메모를 무작정 해서는 안 된다. 메모란 자신만이 알아보는 것이기 때문에 눈에 잘 띄는 곳에 놓아두고 수시로 보아야 한다. 특히 메모를 많이 하는 것도 중요하지만, 필요한 메모를 간략하게 기록하고 정리하는 습관이 더욱 중요하다.

0903
자투리 시간을 활용하는 습관

✤

"자신이 감당하지 못할 정도로 일을 벌여 놓고 힘들다 하는 것은 스스로 불을 피워 놓고 덥다 하는 꼴이다."

이것은 소설 〈나는 고양이〉에 나오는 한 구절이다. 자신의 분주함을 실제 이상으로 과장하고 싶어 하는 당시의 문명인을 풍자한 것이리라. 인간에게는 바쁜 척 하는 점이 없지 않은 것 같다. 그것은 그다지 중요하지도 않은 잡다한 업무에 휩쓸려 있는 것이 주원인이라 할 수 있다. 그리고 또 한 가지는 쓸데없이 시간을 소비하고 있기 때문이라 생각한다.

우리들은 큰 돈이 들어 있는 지갑을 잃어버리면 큰 손실을 보았다고 몹시 아쉬워한다. 그러나 하루의 생활 속에서 시간을 헛되이 보내고 있는 시간을 유효하게 사용하게 된다면 대단히 유익한 일이 될 것이다. 우리들의 일상생활 속에는 별 의미 없는 자투리 시간이 대단히 많이 널려 있다.

예를 들자면 통근하는 지하철에서부터 회사에 도착하여 자신의 책상에 앉아 일을 시작하기까지의 시간, 그리고 점심시간이 끝나고 다시 일을 시작하기까지의 시간 등등이 자투리 시간에 속한다. 누군가를 방문했다가 기다리게 되는 수십 분 같은 것도 자투리 시간의 대표격이라 할 수 있다. 별 의미 없는 잡담 시간도 그렇다.

이와 같이 아무것도 하지 않고 하릴없이 보내는 시간이 하루 중에 큰 비중을 차지하고 있음을 알 수 있다.

5분이나 10분 정도의 짤막한 시간이기 때문에 그다지 큰 비중을 차지하는 것처럼 느껴지지 않을 것이다. 그러나 하루 동안의 자신의 행동을 다시 살펴보기 바란다. 놀랄 만큼 많은 자투리 시간이 흘러가고 있음을 알게 될 것이다. 그리고 그 대부분이 무의미하게 지나가고 있음을 새삼 자각하게 될 것이다.

이 자투리 시간을 가능한 한 적극적으로 유효하게 활용할 수 있다면 일의 능률은 훨씬 상승하게 될 것이 틀림없다.

그리고 휴일에는 일 따위는 깨끗하게 잊어버리고 느긋하게, 그리고 마음껏 휴식을 취하도록 한다. 자투리 시간을 활용하기 위해서는 평상시부터 자투리 시간에 해야 할 일을 메모해 두는 것이 좋으리라 여겨진다. 그래서 가령 10분 정도의 자투리 시간이 생긴다면 재빨리 메모를 들여다보는 것이다. 그리고 적힌 대로 실행하는 것은 당연한 일이다.

0904 우선순위를 정하는 습관이 중요하다

꙳

　인간은 즐기고 싶은 심정은 옛날이나 지금이나 전혀 다를 바가 없다. 솔직한 심정으로 일이나 공부는 그다지 즐거운 것이 될 수는 없다. 느긋하게 여유를 가지고 인생을 즐기는 것이 훨씬 편한 것이라고 대부분의 사람은 생각하고 있다. 하지만 그렇다고 하여 공부나 일을 내팽개칠 수는 없지 않은가. 공부나 일을 좀더 즐거운 기분으로, 또한 좀더 효율적으로 소화해 내는 방법은 없는 것일까?

　여기에 하나의 방법이 있다. 일을 예로 들어 생각해 보자.

　우선 지금 하고 있는 일을 다 끝마치고 났을 때의 후련한 기분을 상상해 보라. 이 골치 아픈 일이 해결되면 낚시라도 가서 즐겨 볼까라든지 휴가를 얻어 가족과 함께 여행을 해야지 라는 식의 즐거운 보상을 준비해 두는 것이다. 그 보상을 무엇으로 할 것인지는 사람에 따라 각각 다를 것이다. 그러나 보상은 반드시 현실성 있는 것이라야 한다는 단서가 붙는다. 이와 같이 즐거운 보상이 기다리고 있다면 가능한 한 재빨리 거기에 도달하고 싶어질 것이다. 그리고 또한 어떻게 하면 능률적으로 일이 진행될 수 있을까 하고 여러 가지로 연구하고 노력하게 될 것이다.

바로 그 시점에서 일을 보다 효율적으로 처리하기 위한 포인트를 생각해 보는 것이다. 우선 잡무와 중요한 일과를 구별하는 것이 중요하다. 그리고 우선순위를 정한 후에 일을 착수하도록 한다. 그러나 막상 일을 시작하고자 하여도 복사를 한다거나 전화를 거는 등의 본격적인 업무 이전의 잡다한 용무가 많은 시간을 빼앗아가게 된다. 이런 잡다한 용무에 휘말리게 되면 능률이 오를 리 만무하다. 그러므로 긴급하고도 중요한 일을 최우선으로 하고 그 순서에 따라 행동을 하도록 한다. 실로 간단한 일이다. 이것을 실행하기만 하여도 일의 능률은 몇 배로 높아질 것이다.

우리들은 아무 때라도 할 수 있는 잡다한 용무에 너무 휘말려 있는 경우가 많다. 그러나 그것은 시간을 낭비하는 것에 지나치지 않는다. 중요한 일을 처리할 때는 최대한 그 일에만 집중하는 것이 능률적인 업무 처리 방법이라 할 수 있다.

part 10.

부를 끌어들이는 습관

모든 일에 성실한 습관

부자가 되기 위해서는 먼저 많이 알아야 한다. 그래서 '적극적인 자기 인식'이 무엇보다 중요하다. 승자들은 자신이 이 세상에 대해서 많이 알지 못하며, 알고 있는 것도 조상으로부터 물려받은 것과 상황에 의해서 가려진 것임을 알고 있다. 그래서 열심히 배우려고 노력한다. 그들은 자신의 잠재력이 소망을 달성하는 데 성공적으로 이용될 수 있다는 것을 확신한다.

성실은 성공을 위한 기본 조건의 하나이다. 여기서 성실해야 한다는 것은 타인이 아니라 자신에게 성실해야 된다는 뜻이다.

당신은 모든 일을 적당히 처리하거나 상사에게 아첨하여 이익을 얻고자 하거나 자기가 해야 할 일을 남에게 맡기지는 않았는가. 성공하려고 하는 사람은 성공하기 위한 노력을 결코 아끼지 않는다. 적극적인 자기 인식은 자기 자신에게 정직한 것을 의미한다. 승자들은 자신들의 잠재력에 대해서 성실하며, 정상에 도달하기 위한 시간과 노력에 정직하다.

자기 마음속을 들여다보았을 때 무엇인가 꺼림칙한 것이 있다면 성공은 보장될 수 없다. 당신의 생각과 느낌이 행동과 일치하여 크게 어긋나지 않았을 때 당신은 나은 성공을 향해 달려 나가고 있다고 말할 수 있다.

패자들은 주위에서 일어나는 일에 대하여 둔감하며, 다른 사람들이 무엇을 필요로 하고 있는가에 대하여, 또한 자신들이 위치하고 있는 개인적인 상황에 대해서도 둔감하다.

자기 자신과 세상에서 일어나는 일들과의 거리를 알아둘 필요가 있다. 주위에서는 지금 무엇이 일어나고 있으며, 자기에게 무엇이 요구되고 있는가 등, 세상 돌아가는 일에 마음을 쓰고 자기 세계를 넓히는 노력을 게을리 해서는 안 된다.

사회의 동향은 자기와 어떻게 관련되며 또, 지금 내가 할 수 있는 일이 무엇인가를 자문하고 검토하는 자세도 중요하다. 성공과 부를 거머쥔 사람들은 공통적으로 자신에게 많은 가능성이 있다는 것을 의심하지 않는다. 그리하여 어떻게 하면 자신의 능력을 최대한 발휘할 수 있는가를 찾게 된다.

사물을 여러 각도에서 생각하고 사고에 유연성을 가지는 것도 성공의 요건이다. 가령, 곤경에 빠지더라도 거기에서 벗어나는 방법은 한 가지만 있는 것은 아니다. 고정 관념에 얽매이지 않고 달리 방법이 없을까 모색하는 것이 현재의 한계를 벗어나는 출발점이다.

세상에 '절대적' 인 것은 하나도 없다. 어떤 상황에 놓이더라도 넓은 시야를 가지고 균형 있는 안목으로 사물을 보아야 한다. 그렇게 하면 반드시 좋은 방안이 떠오르기 때문이다.

주변을 살피느라 늘 바쁜 사람, 막상 실천 단계에 들어서면 주춤거리는 사람에게 소망의 실현은 남의 이야기다. 이러한 사람들은 좋은 기회가 찾아와도 늘 겁쟁이고 보수적이며, 도전하고 개척해 나가려는 생각을 가지고 있지 않다.

법률을 모두 외우는 변호사는 사건을 철저히 분석하고 준비하는 변호사에게 이기지 못한다.

"그때 나도 그렇게 하고 싶은 마음이 있었는데…… 위험 부담이 너무 컸어. 그 사람은 운이 좋아서 성공했을 뿐이야. 하지만 나도 과감하게 나섰더라면 좋았을 걸……."

푸념과 후회는 모든 실패자들의 전매특허이다. 그들의 머리와 행동을 연결하는 혈관은 동맥경화증에 걸려 있다.

주위 상황을 정확히 파악하고 판단하며, 자기 자신이 할 수 있는 일을 최선의 방법으로 신속히 처리하는 사람은 맹목적으로 노력하는 사람들보다 더 빠른 시간 내에 소망을 달성할 수 있다. 그러기 위해서는 자기 자신의 특징을 알고 자기를 둘러싸고 있는 상황을 재대로 인식하는 것이 무엇보다 중요한 포인트가 된다.

자기를 변화시킬 줄 알아야 한다

❧

환경의 변화에 따라 자기를 변화시켜 나갈 수 있는 사람은 소망을 달성할 수 있다. 그러기 위해서는 자기 주위의 사람들이나 주변에서 일어나는 사건들과 자기와의 관계를 이해할 필요가 있다.

적응력은 마음의 건강을 보전하기 위해 중요한 요소이며, 인간 상호의 신뢰를 지켜 나가기 어려운 이 세상에서 살아남기 위한 중요한 열쇠가 된다.

최근 전자산업의 진보는 눈부신 것이었다. 오늘날에는 전화와 TV, 그리고 컴퓨터 통신 등의 네트워크로 막대한 양의 정보가 시시각각으로 처리되고 있다.

하루의 정보량만으로도 우리의 선조들이 평생 동안 얻은 정보보다 훨씬 더 많이 쌓인다. 오늘날처럼 모든 것들이 급속히 변모하는 사회에서는 변화에 대처하고 적응하는 능력이 요구되는 것은 당연한 일이다. 따라서 이 적응력이야말로 성공하는 사람들의 자질이라고 할 수 있다.

끝까지 이기기 위해서는 나날의 시련과 고통을 완화시키고 주위의 상황에 대응하는 방법을 몸에 익히지 않으면 안 된다. 변화하는 환경에 적응하는 힘만 있으면 무기력에 빠지거나 현실을 도피하지는 않는다.

성공이든 부자의 꿈이든 소망을 실현하기 위해서는 강인한 정신력을 가져야 한다. 성공한 사람들의 정신력은 태어나면서부터 다르게 갖추고 있는 것은 아니다. 일생에는 실패하는 일도 있고 역경에 처할 때도 있다. 승패의 분기점은 그러한 체험을 어떻게 살려 가느냐에 달려 있다. 자신에게 마이너스가 되었던 일도 하나의 좋은 체험으로 적극적으로 받아들이고, 그 원인을 정확하게 깨닫고 분석해야 한다. 그러면 그 체험은 불안이나 스트레스를 극복하는 강한 정신력의 밑거름이 된다.

인간이라면 누구나 실패에 대한 공포감을 가지고 있다. 그렇다고 해서 술이나 약으로 자기를 다스린다면 더 이상 전진은 없다. 성공은 도피를 택하지 않고 적극적으로 난관에 맞서 극복하려는 태도를 가진 사람만을 기다리고 있는 것이다.

인간은 누구에게나 방어 본능이 있다. 위기의 순간에 공격이냐 도피냐를 선택하는 반응은 옛날부터 지금까지 달라진 것이 없다. 다만 위기의 종류는 문명의 발전만큼이나 다양해지고 질적인 차이를 드러낸다.

원시 시대의 위험이란 때때로 맹수를 만나거나 드물게 공룡의 모습을 보는 정도였다. 현재는 위험이 곳곳에 굴러다니고 있다. 혼잡한 거리를 걷고 있으면 자신도 모르게 사람들에게 치인다. 고속도로를 달리면 과속으로 돌진하는 자동차 때문에 오싹해진다.

모든 일에 조심하는 수밖에 도리가 없지만 과잉반응을 나타내는 사람들이 있다. 즉, 사소한 일에 발끈 화를 내거나 피해망상에 빠져 적의가 없는 사람에게조차 대항하는 것이다.

불안을 없애기 위해 술이나 담배에 의지하면 그 결과 스트레스가 점점 더 쌓인다. 마음은 더 초조해지며 그로 인해 더 깊이 술에 빠지게 되고 끝내는 약품에 의존하게 된다.

마음은 자신이 서 있는 터전이다. 그 안에 지옥을 만드는 것도 천국을 만드는 것도 자신의 몫이다.

1003
끈찰기고 집요한 마음을 가져라

❦

부자가 되기 위한 목표를 달성하기 위해서는 필요한 규칙이 몸에 배어 습관이 되고 그것을 활용하도록 하지 않으면 안 된다. 그 외에 더 필요한 '축재의식' 을 키우는 방법은 없다.

이 같은 법칙은 가난의 경우에도 들어맞는다. '가난뱅이 의식' 은 '축재의식' 이 없는 사람에게 자연적으로 생겨난다. 그리고 '가난뱅이 의식' 은 애써 가난뱅이 근성을 발휘하려 하지 않더라도 제멋대로 자라나는 법이다.

어떤 어려움에도 포기하지 않고 끈질기게 견디어 나가는 인내심이 없다면 일을 시작하기 전부터 성공자가 될 수 없다는 것은 뻔한 일이다.

악몽으로 가위눌린 경험이 있는 사람이라면 끈기가 얼마나 가치 있는 것인지 알 수 있을 것이다. 잠자리에서 비몽사몽간에 사념에 쫓긴 끝에 질식할 것만 같았던 경험을 가진 일은 없는가. 돌아누우려고 해도 근육이 말을 듣지 않는다. 그래서 어떻게 해서든지 근육을 움직이려 애써 궁리한다.

그렇게 끈기 있게 의지력을 활동시켜가는 중에 간신히 한쪽 손가락을 움직일 수 있게 된다. 그리하여 다시 끈기 있게 의지력을 활동시켜 가노라면 다른 손이 움직이기 시작하고 한쪽 발이 움직이고 두 발이 다 움직일 수 있게 된다. 탁월한 의지로 전체 근육 조직을 컨트롤 하도록 되어, 비로소 악몽에서 깨어날 수 있게 된다. 이렇듯 악몽에서 빠져나오려면 한 걸음 한 걸음 순서를 밟아야 하므로 그 속도가 매우 느린 법이다.

정신적 무기력에 사로잡혀 있을 때 무슨 일이 있어도 거기에서 벗어나야 한다는 의지가 있다면 취할 방법은 악몽에서 빠져 나올 때와 마찬가지다. 처음에는 한 걸음 한 걸음 순서를 밟아야 하지만 이윽고 속도를 붙여 완전히 의지를 지배할 수 있게 된다. 느리다 하더라도 끈기 있는 의지력을 가지고 우선 움직이기 시작하지 않으면 안 된다.

'매스터 마인드' 그룹을 선택할 때에는 이 점을 주의 깊게 생각하여 그 그룹에 한 사람 정도는 최소한 끈기를 가지는 데 도움이 될 수 있는 사람을 넣는 것이 중요하다. 큰 재산을 쌓아올린 성공한 사람 중에는 필요에 따라서 그런 방법을 선택한 사람이 많다.

성공한 사람은 어느 누구를 막론하고 끈기를 가진 사람들이다. 그들이 끈기를 기르게 된 이유는 항상 절박한 환경에 쫓겨서 아무래도 끈기를 발휘하지 않고서는 배길 수 없었기에 마침내 끈기의 소유자가 되고 만 것이다.

끈기를 굴복시키는 더 큰 힘은 없다. 이 점을 잊지 말고 무엇보다도 먼저 가슴에 간직해 두고 일이 잘 되어 가지 않거나 템포가 늦어졌을 때 반드시 상기하도록 해야 한다.

끈기를 습관으로 몸에 지닌 사람은 난관에 부딪치더라도 침착한 태도를 잃지 않는다. 몇 번이고 좌절하고 패배를 당하더라도 언젠가는 반드시 정상에 오르곤 한다.

끈기만 가진다면 무슨 목표를 추구하든 끈기의 보상으로 성공을 얻게 된다. 어떤 일이든 끝까지 견딜 수 있는 사람은 어떤 일이라도 끝까지 실천할 수 있다. 인내는 희망을 만들어 내는 기술이다.

그 뿐만이 아니다. 그런 사람에게는 물질적 재산보다도 더욱 소중한 지식―모든 실패는 그것을 잘 살려 나아가기만 하면 재산을 축적할 수 있는 요인이 된다는 교훈을 얻을 수 있게 된다.

말과 행동이 달라서는
안 된다

❦

버그만은 신체, 음성, 언어의 세 가지 정보 채널을 유효적절하게 사용하는 대표적인 사람이다. 그는 무엇을 말하면 좋은가, 어떻게 말해야 좋은 인상을 얻을 수 있을 것인가에 대해 잘 알고 있는 대표적인 비즈니스맨이다.

좋은 인상을 만드는 데는 언어와 그 사용 방법과의 균형을 맞추는 것이 무엇보다 중요하다. 만약 채널 하나라도 빗나가면 메시지 전달 과정은 어긋나 버린다. 즉, 상대방은 '당신이 말하고자 하는 것'과 '당신이 말하는 것' 중 어느 것을 믿어야 할지 망설이게 되고 여기서 혼란이 야기된다.

로버트 로센탈과 벨라디 파울로의 연구에 의하면 대부분의 사람은 상대방이 말하고자 하는 내용보다는 몸짓이나 표정 등과 같은 보디랭귀지나 말씨 등에 더 주의를 기울인다고 한다. 말보다는 동작이 훨씬 웅변력이 있다.

인간은 자신이 믿고 싶어 하는 것만 믿으려는 경향이 있다. 즉, 남이 뭐라고 하든 자신의 눈으로 보고 자신의 귀로 들은 것만 믿으려 한다는 뜻이다.

　순탄하게 출세가도를 달리는 한 관리직 남성은 자신을 미워하고 불신하는 사람이 있음을 알고 그 사람들 때문에 승진에 지장이 있지 않을까 걱정스러워하고 있다. 그는 다른 사람들도 자신과 마찬가지로 회사를 위해 열심히 노력하고 실적을 향상시키면 승진할 수 있을 텐데 괜히 자신을 질투한다는 생각으로 어떻게 해결해야 좋을지 묘안을 찾기 위해 상담실을 방문했다.

　이 남자는 처음 상담실에 들어왔을 때 만면에 웃음을 머금고 성큼성큼 다가와 자기 의자를 상담자의 책상 바로 옆에 당겨 앉았다. 그는 즉석에서 상담자의 성(친한 친구들이 부르듯이)을 부르며 친근감을 표했다. 상담에 임하면서 팀워크라든지 타인의 기분을 중시해야 하며 부하와의 대화가 중요하다는 등의 얘기를 늘어놓았다.

　상담자는 그의 말과 행동이 무척 다르다는 것을 느꼈고, 그가 과연 자신이 생각하는 대로 행동하는 지에 대해 한 번이라도 생각해 본 적이 있을까 의문을 품었다. 그는 모든 사람의 개인적 영역을 존중해줘야 한다고 주장하면서 상대방의 기분 따윈 전혀 고려하지 않고 서슴없이 자기 기분대로 행동했다. 부하들과의 대화를 중시한다고 하면서도 일방적인 지시를 내리기를 좋아하는 듯했다. 말하자면 그의 행동은 지극히 독단적이고 제멋대로였음에도 불구하고 그는 자신이 가장 합리적이고 이성적으로 행동하고 있다고 착각하고 있었다.

부하직원의 말이 비위에 맞지 않으면 표정을 굳히고 위압적인 태도를 짓는 구태의연하고도 무신경한 자세를 지닌 관리사는 자신의 그런 태도가 상대방에게 얼마나 나쁜 영향을 미치는지 전혀 깨닫지 못하고 있었다.

'크리에이티브 리더십 센터' 연구 교육 기관의 조사에 의하면 '남의 약점을 자극하거나 타인에 대해 무신경한 태도'가 승진에서 탈락된 가장 큰 원인으로 작용하였다고 한다.

아무리 능력을 인정받아도 대인관계가 좋지 못하면 평점이 낮아지고 조직에서 소외당한다는 뜻이다. 인간은 상대적이다. 좋은 감정을 표현하면 상대방도 호의를 표시해 온다. 하지만 무시하는 태도나 좋지 못한 인상을 심어 놓으면 상대방은 당신을 거부하고 억압하려는 태도를 취한다.

대화의 통로는 상대방의 통로와 합치되어 진행될 때만 원활하게 이루어진다. 일방적인 대화의 통로를 고집하면 대화의 내용은 극을 향해 치닫게 되어 전혀 다른 결과를 낳게 된다는 사실을 명심하여 상대방 입장에서의 대화 통로를 파악하는 데 전념하자.

욕망을 부채질하여 불붙게 하라

✧

부자가 되기 위해서는 부자가 되겠다는 욕망이 있어야 한다.

사람이 행동하는 동기 중에서 가장 근본적인 요인은 욕망을 실현시키고자 하는 것이다. 땅 위의 모든 만물이 인과의 필연에 의해서 움직이는 것이라면 인간의 모든 활동도 논리적 불가피적 원인으로 해서 발생하는 것이다. 따라서 우리들이 행하는 의식적이고 계획적인 행동은 모두 욕망에 의해서 일어나는 것이라고 할 수 있다.

우리들은 밤이나 낮이나 시시각각 어떤 종류이든지 욕구에 지배되어 있다. 이러한 욕구에 대한 관심이 높으면 높을수록 인간을 관찰할 수 있는 능력도 향상될 수 있으며, 대화에 있어 인간의 욕망을 부채질할 수 있는 힘도 지니게 된다.

실로 인간은 욕망을 일으켜 얻어진 결과보다 욕망을 갖는 그 자체에 쾌감을 느끼는 것이다. 에머슨은 그가 쓴 〈인생의 행장〉에서 "욕망이란 소유라고 하는 코트가 덮어 감출 만큼 크지가 않은데도 점점 커지는 거인적인 존재이다."라고 말하며 인간은 욕망의 포로라는 것을 시사했다.

중국인 유종원의 〈유하원집〉에 다음과 같은 이야기가 있다.

마을 사람들이 나룻배를 타고 강을 건너고 있었는데, 배가 중간쯤 오자 갑자기 썩은 배 밑창이 뚫리고 배에 물이 들어와 이윽고 배가 가라앉게 되었다. 사람들은 모두 물에 뛰어들었다. 그런데 모두 헤엄쳐 강기슭에 닿았으나 오직 한 사람이 뒤에 쳐졌다. 마을 사람들이 "이봐 어떻게 된 거야? 자넨 마을에서 헤엄을 제일 잘 치지 않나!"라고 소리치자, 사내는 허우적거리면서 "엽전을 천 개나 갖고 있네. 헤엄치기가 어려워."하는 것이었다. "엽전을 버려, 몸을 가볍게 해야 헤엄을 치지!"라고 말했으나 사내는 계속 물속으로 허우적거릴 뿐이었다. 오히려 마을 사람들은 애가 타서 "빨리 버리라구, 생명보다 엽전이 중하냐! 빨리 버리지 않으면 죽어!"라고 합창하다시피 사내에게 말했다. 그러나 사내는 머리를 흔들더니 이윽고 가라앉아 버렸다. 욕망의 포로가 되어 자신을 희생시킨 것이었다.

인간의 모든 행동은 욕망의 원천에서 샘솟은 지류에 불과하다. 따라서 사람의 마음을 사로잡아 분발시키려면 격렬한 욕망의 불꽃을 심어주는 것이 효과적이다.

정신분석학자 프로이드는 '욕망과 성의 충동이 인간행동의 두 가지 동기'라고 했다. 위대해지고 싶다, 남보다 우위에 서서 자기의 존재를 과시해보고 싶다고 하는 기분이야말로 인간의 본능이며 분발을 재촉하는 자극제인 것이다.

신뢰받지 못하면
성공하지 못한다

❧

남자나 여자나 남에게 미움을 받기 좋아할 사람은 없다. 그러나 실제로 자기가 잘못되어 가는 것을 자각하고 있으며, 그로 인해 남들의 미움을 받고 있다는 사실을 인식하고 있으면서도, 그 모순 속에서 자기 자신을 해방시킬 줄 모르는 사람이 무척 많다. 인간사회의 실제적인 고민은 바로 이런 것이다.

흔히 다루기 어렵다거나 반항적인 기질이 있는 사람이라고 해서 평범한 사람과 크게 다른 것은 아니다.

누구든지 남에게 인정받으려고 한다는 것이 사실인 바에야 그들도 호의적으로 대해주면 오히려 더욱 긴밀한 유대를 맺을 수 있는 소지가 있다. 어려운 난관에 봉착해서 불안에 떨고 있는 사람도 마찬가지다. 난관에 봉착하게 되면 의욕이 감퇴되고 쓸데없는 불평이 늘게 되고 사사건건 사람 그 자체를 싫어하게 된다.

이런 처지의 사람에게 도움을 줄 때면 확실히 새롭게 되고 싶다는 강렬

한 욕망에 휩싸이는 모습을 볼 수 있다.

나의 대학 동창으로 구라는 친구가 있다. 그는 일찍이 대학 4학년에 재학중일 때부터 사업에 손을 대 기업에 비품을 납품하는 자질구레한 사업에서부터 일약 몇 년 사이에 큰 사업을 벌인 사업의 천재였다.

그의 성공은 별다른 비결이 있었던 것은 아니다. 납품을 의뢰하고 온 고객이 품질 여부를 왈가왈부할 때라도 그는 고개를 끄덕이며 긍정을 하였다. 꼬치꼬치 불필요한 결점을 지적하는 사람들은 대개 심리적으로 불안해 있다는 것을 두고, 고객의 개인적인 문제에 적극성을 보여 고민거리에 대한 화제를 유도해내고 그에 대해 조력을 서슴지 않았다.

이러한 처세의 덕분으로 그와 관계를 맺은 구매자들은 한결같이 그에게 친구 이상의 친밀감을 느끼게 되었고, 비품의 질에 대해서도 허심탄회하게 말할 수 있는 여건이 되었으므로 날로 번창하게 되었던 것이다.

역설적인 말이지만 까다로운 상대일수록 마음을 붙잡기가 쉽다는 사실에 주의해야 한다. 예를 들어 극도로 의심이 많은 사람을 대할 때는 누구든지 까다로워 처세가 어렵다는 핑계로 기피하게 되고, 끝내 그 사람은 외로운 처지에 놓이게 된다. 때문에 의심하는 심리 그 이면에는 무엇이든지 신용하고 싶은 반발적 심리가 잠재해 있기 마련이다.

신념이 쌓여 습관이 된다

✤

당신이 무슨 일을 시작할 때 그것이 성공하여 당신에게 큰 부를 가져다 줄 것이라는 흔들리지 않는 신념이 있을 때 그 신념은 당신에게 부를 가져다 줄 것이다.

신념은 자신의 한계를 극복하게 하고, 성공을 향한 도전을 할 수 있는 사람으로 바꾸어 놓는다.

한 가지 일에 대한 계속된 신념은 습관이 되어 신념을 갖지 않아도 기계적으로 움직이게 된다.

성공을 향한 실천은 자신의 확고한 신념의 산물이다.

확고한 신념을 가지기 원한다면 우선 자신을 믿지 않으면 안 된다.

신념을 유지하기 위해서는 자신에 대한 믿음이 중요하다. 그러나 신념은 단순히 무엇인가를 빈나는 시스템과는 차원이 다르다. 어떤 장애가 있어도 흔들리지 않고 매진하는 것이 신념이다.

신념은 힘이다. 남녀를 막론하고 자기의 능력에 대해서 신념을 가진 사람은 신념을 키워본 경험이 없는 사람일지라도 자신의 일을 성취할 수 있는 사람이다. 확고한 신념을 가진 사람에게는 일에 대하여 강한 추진력을 가지고 있다.

신념을 가진 사람이 위대한 힘을 발휘할 수 있는 것은 단순한 믿음이 아니라 믿는다는 행위 자체에서 비롯되는 것이다. 마음의 밑바닥으로부터 믿는 사람이 갖는 힘을 결코 과소평가해서는 안 된다.

강한 신념을 품고 있으면 일에 대한 무한한 에너지를 얻는다. 믿음의 정점이 곧 완전한 신념이다.

기회가 찾아왔을 때 강한 신념을 갖도록 노력해야 한다. 또한 신념은 유익한 것이나 적극적인 것만 사용하도록 해야 한다. 부정한 목적에 사용하면 이 힘은 많은 사람을 파멸시키고 만다.

처음에는 하나의 꿈에 불과했던 것을 실현시키는 것이 또한 신념이다. 또한 욕망이 반드시 실현된다고 믿는 것이 신념이다.

아직 모습은 볼 수 없지만, 그 존재를 믿을 수 있다고 여겨질 때 바로 그것이 진정한 신념이다. 확고한 신념을 가진 사람은 "욕망은 반드시 실현된다."고 굳게 믿고 있다. 이것이 신념이 지배하는 원칙이다.

자신의 마음속에 자신감과 신념을 구축하는 일은 마치 암흑가를 일소하는 일과 같은 것이다. 우선 마음속에 자리잡고 있는 어둠과 무거운 중압감을 지워버려야 한다. 그리고 새로운 자신을 구축하여 다지면 무슨 일이든지 성취할 수 있다는 자신감이 생길 것이다.

고등학교 시절 레이 클록은 수업 중에도 공부보다는 창밖을 바라보면서 무언가 골똘히 생각하는 경우가 많았다.

레이 클록은 1903년 시카고에서 태어났다. 유년 시절 그는 쾌활하고 활달한 여느 소년에 지나지 않았다. 고등학교 2학년 때 학업을 중단하고 구급차 운전사, 라디오 수리공 등 여러 직장을 전전했다.

비록 보잘것없지만 레이의 가슴속에는 부자가 되고자 하는 욕망이 강하게 자리잡고 있었다. 그러나 특별한 재능도 없고 든든한 후원자도 없는 레이가 성공하기란 거의 불가능에 가까웠다.

중년에 이르기까지 레이의 생활은 그저 평범한 가장에 불과했다. 그리고 50세를 넘기자 그는 당뇨병에 관절염의 지병까지 앓고 있었다.

그러나 그의 마음속에는 부를 이루고자 하는 욕망과 부자가 될 것이라는 확실한 신념을 잃지 않았다. 그리고 매사에 긍정적인 사고로 자신의 신념을 믿어왔다.

그리고 마침내 그에게 기회가 찾아왔다.

1955년 어느 날 레이 클록은 지친 몸을 이끌고 믹서기 세일을 하기 위해서 캘리포니아주 할리우드에 갔다. 수년 전 일확천금을 꿈꾸며 벌였던 토지 브로커 일로 심한 타격을 받은 후 그는 전국을 돌며 믹서기 판매를 하고 있었다.

할리우드에 있는 맥도널드 브라더스라는 가게에서 믹서기 8대를 주문한 것이 바로 이때였다. 지금까지 들어 본 적도 없는 가게로부터 그것도 한두 대가 아닌 8대씩이나 갑자기 주문을 하는 가게가 궁금하여 레이는 주문한 믹서기를 들고 햄버거 가게를 방문했다.

이것이 레이의 행운의 시작이었다. 맥도널드는 영화를 좋아하는 리처드와 모리스라는 젊은 형제가 시작한 햄버거 가게였다.

동남부 해안지방에서 영화로 성공하겠다는 꿈을 안고 할리우드로 온 형제는 생활이 어렵게 되자 부업으로 햄버거 가게를 시작한 것이다.

맥도널드 형제는 그들이 어렸을 때 어머니가 냉장고에 남아 있던 여러 가지 재료를 빵 사이에 넣어 불에 구워준 음식 맛을 잊을 수가 없었다.

그렇게 맛있는 빵은 미국 어디에서도 팔지 않을 것이라고 생각한 두 형제는 머리를 맞대고 생각한 끝에 햄버거 가게를 연 것이다. 그런데 예상 밖으로 장사가 잘 되었다.

집에서 가지고 온 차갑고 푸석푸석하고 마른 샌드위치 점심에 비하면 맥도널드 햄버거는 청결하고 빠르고 게다가 막 구워냈으므로 부드럽고 따뜻하고 맛이 있었다.

입에서 입으로 소문이 퍼져 날로 손님이 늘어서 오전 10시 가게 문을 열 때는 이미 장사진을 이루고 굽기가 무섭게 팔려 쉴 사이도 없을 정도였다.

이것을 본 레이는 맥도널드 형제로부터 시카고에 있는 점포권을 샀다. 그리고는 즉시 체인점화하여 점점 점포를 늘려 나갔다.

1960년 57세가 된 레이는 일리노이 주 전역에 228개의 점포를 가지고 연 매출 2천6백만 달러를 올리고 있었지만 이에 만족하지 않고 전국적인 체인망을 확대하고 세계적인 체인망 확대의 거대한 꿈을 실현하고 싶었다.

레이는 맥도널드 형제와 교섭하여 1천4백만 달러를 지불하고 제조상의 노하우부터 상표에 이르기까지 모든 권한을 사들였다. 이때가 그의 나이 58세가 되던 해였다.

이 모든 성공은 그가 아무리 어려운 환경에 놓여도 긍정적으로 생각하고 확고한 신념을 가지고 강한 욕망을 지녔기에 가능했던 것이다.

돈이 돈을 낳는다

프랭클린은 신용에 대해서 젊은이들에게 다음과 같이 충고를 했다.

"돈은 다산의 성질이 있고, 무엇인가를 발생시키는 성질이 있다. 1년에 6파운드면 이것을 365일로 나눌 때 하루치는 몇 푼 안 되지만, 이 적은 금액에 대해 신용 있는 사람은 자신을 담보로 100파운드를 사용할 수 있을 것이다."

힐튼은 대공항 속에서도 항공기 여행자들을 위하여 호텔을 짓기 위해 수백만 불의 돈을 빌렸다. 담보라곤 힐튼의 이름뿐이다. 그러나 그 이름은 정직한 거래로 명성을 얻고 있었다.

정직은 만족한 대용품이 발견되지 않았을 때에 중요한 것이다. 그것은 인간 성품의 다른 어떤 특성보다 더 깊이 인간 내부에 미치는 어떤 것이다.

사업에 있어서 정직, 평판, 신용, 성공은 모두 같은 것이다. 정직한 사람은 나머지 세 가지도 얻을 수 있는 사람이다.

part 11.
말 잘하는 습관

경청하는 습관

❧

　대화할 때에 사람들은 대개 상대방의 말을 듣기보다는 자신의 말만 쏟아놓는 경우가 많다. 선천적으로 사람들은 말하기를 즐기기 때문이다. 즉 '경청'에는 크게 관심이 없는 것이다.

　그러나 성공하는 사람들은 경청을 좋아했고, 대화할 때에는 경청하는 것을 습관화하였다.

　그런데 사람들은 누구나 할 것 없이 사실 듣고만 있다면 왠지 수동적이고, 자신의 주장도 제대로 말하지 못하는 것처럼 느껴진다. 그런데 사람이 말하기를 좋아한다는 것은 곧 잘 들어주는 사람에게 호감을 느낀다는 뜻이다. 그러므로 상대의 말을 잘 들어주기만 해도 말 잘하는 것 이상으로 이득을 얻을 수 있다. 따라서 어떤 분야에 종사하든 경청을 습관화하여야 한다.

　세계적으로 유명한 성공한 강사 브라이언 트레이시는 성공의 금좌옥조로 첫째도 경청, 둘째도 경청, 마지막까지 경청을 강조했다.

미국에서 가장 영향력 있으면서 말 잘하는 사람으로 손꼽히는 오프라 윈프리는 다른 사람의 말을 잘 듣는 태도가 자신의 성공 비결이라고 말한다. 실제로 오프라 윈프리의 토크쇼에서 그녀는 게스트의 얘기에 충분히 공감하면서 진지하게 들어주기 때문에 점점 깊은 대화를 끌어낼 수 있었다.

철강왕 앤드루 카네기도 인간관계를 강화하려면 진정성 있게 남의 말을 경청하는 것을 습관화하라고 조언했다.

언변이 좋다는 말은 분명 단순히 입에 발린 미사여구를 잘 늘어놓는다는 뜻은 아닐 것이다. 중요한 것은 말에 진정성이 얼마나 담겨 있는가 하는 점이다. 그 진정성이란 상대의 마음을 잘 읽어야 하고, 그의 마음에서 울리는 말도 잘 들어야 한다는 뜻이다. 그러나 속도의 전쟁 시대에 살다 보니 급하게 자신의 말을 배설하는 것에만 급급해 남의 말을 듣는 것은 대충대충 넘어가게 된다.

경청을 잘하기 위해서는 눈을 맞추며 듣는 게 첫 번째이고, 맞장구를 치며 상대방의 얘기에 공감하는 게 두 번째다. 또한 들을 때 팔짱을 끼거나 다리를 떠는 등의 행동을 삼가고 자신이 수신 모드가 되어 열심히 집중하고 있다는 모습을 보여주는 것이 필요하다.

자동차의 판매왕에 올랐던 세일즈맨 K씨는 경청에 대해서 이렇게 말한다.

"고객의 불만이나 이런저런 얘기를 끈기 있게 들어주면 어느 순간 고객이 요구하는 것이 무엇인지 알게 됩니다. 따라서 핵심을 짚어주면 성공 비율이 높아지죠. 세일즈는 고객의 말을 귀 기울여 듣는 것이 관건입니다. 거절할 때도 그 입장을 이해하고, 불만을 해소하기 위해 노력합니다."

고객의 요구를 경청하고 그 마음을 이해하며, 이를 세일즈의 출발로 삼는 것이다.

"저는 대화 중 고객이 80퍼센트를 말하게 하고, 제가 나머지 20퍼센트를 말합니다. 차에 대한 설명은 20퍼센트만으로도 충분해요. 안전도, 스타일, 경제성 등 차를 구매하려는 여러 이유 중 고객이 어떤 가치를 가장 우선시하는지 고객 스스로 말하게 만들어야 합니다. 제가 '아 손님한테는 이런 이유로 이 차가 맞을 것 같습니다' 라고 말씀드리면 오히려 역효과가 날 수 있습니다."

또 다른 판매왕도 세일즈 노하우로 경청을 꼽았다.

"고객의 얘기를 듣다 보면 유용한 정보를 얻을 수 있습니다. 현재 고객이 어떤 상태인지, 재산이 얼마나 되는지, 아이들은 어떤지에 대한 정보를 알고 있으면 고객의 니즈를 채워줄 수 있습니다."

잘 듣기 위해서 필요한 것으로 세일즈맨들은 질문을 꼽았다. 고객을 방문하여 처음부터 "이 제품은 아주 좋으니 구매하세요."라며 아무리 설명해 봐야 반응은 거의 뻔하다. 고객은 흥미를 느끼기에 앞서 이질감을 느끼고 피할 것이다. 따라서 공통의 호기심을 유발하거나, 필요한 답을 얻을 수 있는 질문을 준비하고 방문하는 것이 고객과의 대화를 훌륭하게 끌어가는 길이라고 세일즈맨들은 말한다.

세일즈맨들은 형식적으로 듣는 습관도 바꿔야 한다고 말한다. 한 판매왕은 사람들이 상대방의 말을 들을 때 건성으로 듣거나 꼬투리를 잡기 위해 듣는다고 한다. 즉 상대방의 말을 경청하는 대신 머릿속으로 다른 생각을 하거나 논리적 반박을 위해 무슨 말을 할지 고민한다는 것이다. 이런 식의 듣기는 오히려 크게 도움이 안 된다는 게 세일즈맨들의 지적이다.

이런 태도는 고객이 거절했을 때도 마찬가지다. 억지로 상대의 약점을 찾아 지적하고 자신의 제품을 장황하게 설명하기보단 고객의 말을 들어줘야 한다고 세일즈맨들은 강조한다.

고객의 무지를 탓하며 설득하는 것보다 가려운 곳을 찾기 위한 경청은 거절하는 고객의 마음을 돌리는 데 유용하다. 결국 진심으로 상대방의 말에 경청할 때, 그리고 내가 말하고 싶은 걸 한번 참고 귀를 기울일 때 상대를 공략할 수 있는 결정적 한마디가 떠오른다. 그 한마디만 던지면 계약은 성사되고, 고객으로부터 말 잘한다는 칭찬을 받을 수 있다.

공통점의 단서를 찾는다

❦

고객과 세일즈맨의 첫 만남에는 정치인과 주민들 사이의 벽 못지않은 두꺼운 벽이 있게 마련이다. 때문에 세일즈맨이 상품을 팔려고 하면 고객의 첫 대응은 언제나 회피나 거절로 나타난다. 그러므로 고객을 처음 방문했을 때 먼저 공감대를 찾는 것이 가장 중요하다. 특히 우리 사회는 3연(지연이나 혈연, 학연)과 군대, 종교, 취미를 강조한다. 이 중 한 가지라도 고객과 세일즈맨이 연결되어 있다면 의외로 쉽게 연대감이 생길 수 있다.

모 자동차 세일즈맨 J씨는 큰 음식점을 하고 있는 고객을 찾아 상담할 때의 일이다. 그 가게 젊은 사장님은 부인에게 차를 사주려고 여러 회사 차량을 알아보고 있었다. 상담을 위해 음식점을 방문했을 때 사장님은 다른 회사의 견적을 비교해 본 후 연락하겠다고 했다. 그래서 상담을 끝내고 나오려는 순간 여기서 그냥 가면 사장님이 경쟁사차로 마음을 굳힐 것 같은 직감이 들었다. 사장님의 마음을 다시 돌릴 수 있는 방법이 없을까 잠깐 고민하고 있을 때 다른 쪽 방에서 자신의 고향에서나 들을 수 있는 경상도 억센 사투리가 들려 왔다. 좋은 기회라는 생각이 들어 J씨는 사장에게 물었다.

"낯익은 목소리가 들리는데 저쪽 방에 계신 분은 누구십니까?"

"저희 어머니이십니다."

"그럼 잠깐 인사만 드리고 가겠습니다."

사장님의 어머님에게 고향이 어디신지 여쭤보았고, 같은 경상도 게다가 억센 사투리를 쓰는 북쪽 사람이란 걸 알게 되자 반갑게 인사를 건넸다. 그 어머님은 고향 사람이 왔다며 차와 과일을 내오라고 하시며 환대해 주셨다. "서울에 와서 고생이 많네."하며 따뜻한 격려와 함께 가족처럼 편하게 대하셨다. 동향 사람이라는 것으로 어머님의 마음을 얻었고, 세일즈의 절반은 성공한 셈이었다.

그러나 세상에 쉬운 일은 없는 법이다. 사장과의 상담이 만만치 않았다. 다른 회사 차와 견적을 비교하면서 바로 결정을 내리지 못하는 것이었다. 세일즈맨 J 씨는 결국 계약을 못한 채 사무실로 돌아올 수밖에 없었다.

그 후 J 씨는 포기하지 않고 다시 음식점을 찾았으며, 사장님의 어머님 도움으로 계약을 성사시킬 수 있었다고 한다. 그런데 차량을 인도한 후에는 사장님은 소음이 심하다는 이유를 들어 자주 불만을 제기했다. 그때마다 J씨는 성실하게 문제를 해결하자 마음의 문을 열게 되었고, 지금까지 좋은 관계를 유지하고 있다.

J씨는 이 경험을 통해 세일즈에 대해서 다음과 같은 말을 하였다.

"상담 과정에서 학연, 지연, 혈연, 취미 등 이름 석 자까지 억지로라도 공통점을 찾아내고 있습니다. 이를 통해 고객과 공감대가 형성되면 상담의 문이 자연스럽게 열리게 됩니다."

판매왕들이 이처럼 감정의 문을 열기 위한 고리로 활용하는 수단 가운데 하나가 바로 작은 공통점 찾기다. 물론 학연·지연·혈연을 앞세우는 것이 사회적으로 문제란 지적도 있지만 이런 공통점이 정서적 유대를 만드는 고리가 되기 때문이다. 뜬금없이 찾아온 세일즈맨은 '타인'이지만 동향 사람이거나 나와 비슷한 점이 있다면 같은 울타리 속 '우리'가 되는 것이다. 특히 감성적인 성향이 강한 우리나라 사람에겐 이런 '우리'라는 연대감은 효과적이다.

상대의 말에
일단 수긍하는 습관

상대에게 나의 말을 거절하지 못하게 해야 할 경우가 있다. 이런 경우에는 우선 상대에게 당신의 의사를 바르게 전달해야 하고, 상대가 감동하도록 만들어야 한다.

상대를 동의하도록 만드는 방법으로는 논리적인 설득 방법과 심리적으로 설득하는 방법이 있다.

그러나 논리적인 방법에는 한계가 있다. 상대가 당신의 논리에 수긍하지 않거나 당신의 논리적 설득이 부족할 경우 상대의 동의를 얻기 어렵다.

심리적인 방법으로는 먼저 상대의 심리를 읽어야 하는데, 그러기 위해서는 일단 상대의 의견에 동의한다.

다시 말하면 상대의 주장이나 감정 혹은 태도나 말이 비논리적이고 도덕적 기준에 어긋난다고 할지라도 일단은 전부 받아들인다. 어떤 상대라도 자신의 말에 수긍하고 높이 받아들인다고 판단하면 상대의 말에 더욱 귀를 기울이게 되고 쉽게 동의하게 된다.

상대에게 동의해줌으로써 결과적으로 당신에게 동의하도록 만든다. 이 것은 결과적으로 상대를 당신의 의도대로 끌어와 설득을 성공적으로 끌 수 있다.

유능한 카운슬러는 상담자와 마주앉았을 때 절대로 자기의 견해를 주장 하지 않는다. 처음에는 상담자의 말을 경청하고 상담자의 생각에 수긍한 다. 상담자가 마음 놓고 마음대로 이야기하도록 만드는 것이다.

이렇게 서로의 마음을 연결시켜 놓은 카운슬러는 상담자의 말을 존중 하는 인상을 주면서 결국 자신의 견해에 상담자가 수긍하도록 만드는 것 이다.

팀장이 부하를 다루는 방법도 이와 같이 카운슬러들이 하는 방법을 사 용할 때 상대로부터 팀장 자신이 원하는 것을 얻을 수 있을 것이다.

상대의 말에
맞장구를 쳐주라

대화를 하는 데 있어서 가장 중요한 일은 당신의 의사를 전달하여 상대의 동의를 얻는 것이다.

하지만 그에 못지않게 중요한 것은 상대로부터 정보를 얻는 것이며, 상대로부터 더 많은 정보를 얻는 것이 대화의 능력이라고 할 수 있다. 따라서 대화를 할 때 상대가 계속해서 자신의 정보를 당신의 의도대로 털어놓을 수 있도록 협력해야 한다. 다시 말해 상대가 말을 잘 할 수 있도록 맞장구를 치라는 것이다. 말 잘하는 사람은 이것이 습관화되어서 대화할 때에는 언제나 맞장구를 쳐준다.

"뛰는 말에 채찍질을 하라."는 속담처럼 상대가 자신의 속마음을 보일 수 있도록 격려하면, 격려를 받은 상대는 당신의 배려에 감사하여 자신이 하고 싶은 말을 차분히 조리 있게 잘할 것이다.

그러나 이때 당신이 조심해야 할 것은 부하와 호흡을 맞추는 동류의식을 갖는 일이다. 따라서 어조도 상대와 맞추어 조절해야 하고, 언어의 질이나 내용도 상대와 융합할 수 있는 수준으로 맞추어야 한다.

방송에서 유명한 MC들은 대화 상대에 대해서 순간적으로 판단하여 그 사람의 수준에 맞는 질문과 응수를 한다. 그 출연자가 무엇을 말하고자 하는가를 재빨리 감지하여 끝말을 맞받아서 계속 말을 하도록 한다.

맞장구는 짧을수록 좋다.

소포클레스는 맞장구에 대해서 이렇게 말했다.

"짧은 말에 더 많은 지혜가 담겨 있다."

맞장구란 한 마디 말로서 백 마디 이상의 효과를 얻을 수 있는 신비한 언어이다. 적당한 응대는 대화를 풍부하게 이끌고 더 나아가서 인간적인 유대를 돈독하게 하고, 서로의 인격을 존중하고 있음을 느끼게 한다.

그러므로 서로의 인격을 존중하고 있다는 것을 느끼게 되면, 서로의 의식에 공감대가 형성되고 꺼리던 부하와도 허심탄회하게 대화를 할 수 있게 된다.

법률상담소에 한 부인이 찾아왔다. 40대 초반으로 보이는 그녀는 화려하게 옷을 입고, 들고 있는 가방이나 신고 있는 구두도 모두 명품이다. 사무실을 돌아보는 그녀의 태도는 오만하기 짝이 없었다. 역시 40대로 보이는 여 소장 앞으로 가더니 선채로 말한다.

"소장님도 40이 넘으셨지요?"

그러자 소장은 재빨리,

"아니, 그럼 부인도 40이 넘으셨단 말이에요? 어머나, 그보다 훨씬 아래로 보이는데요." 하고 말했다.

소장의 맞장구 한마디에 그녀의 오만은 사라지고 겸손한 목소리로 말했다.

"요사이 젊은 여성들이 뭐 많이 안다고 인생 상담을 한답시고 거만하게 굴어서 찾기를 망설였어요."하며 자신의 고민을 솔직하게 말하는 것이었다.

이처럼 상대의 끝말을 되받아치는 맞장구는 상대의 마음을 사로잡는 좋은 대화의 기술이다.

특이한 말버릇과 대응 방법

① **습관적으로 "그건 그렇지만"이라고 말하는 사람의 심리**

방어벽의 신호를 놓치지 않는다.

대화의 속도를 늦추는 말이 있다. 이야기가 척척 진행되어 구체적인 제안과 답변이 오가고 있는데 갑자기 브레이크를 거는 듯한 말이다.

"그건 그렇지만…" 또는 "뭐라고 말해야 좋을지…" 하는 애매한 말이다.

상대가 이런 말을 입에 담는 것은 자만의 세계에 틀어박히려 할 때이다. 분명한 반론이나 반대 의견이 있어도 그것을 표출할 수 없는 상황은 얼마든지 있다.

직장 상사에 대한 부하의 경우도 그렇다. 업무의 발주자에 한 수주자의 경우도 그럴 것이다. 결정권을 갖지 않은 사람이 결정을 강요당하는 경우도 마찬가지다.

어쨌든 상대의 이야기를 그대로 받아들일 수 없는 경우나, 이 상태로 이야기를 진행하면 곤란할 때 이런 애매한 말이 나온다. 바로 방어벽을 세우겠다는 신호이다.

이런 경우, 계속 밀고 나가 보았자 상대의 벽은 더욱 견고해질 뿐이다. 상대가 부하라 해도 그 벽을 무너뜨릴 수는 없다. 그 자리에서 무리하게 밀어붙여도 결국에는 "할 수 없습니다." 라는 말이 돌아오기 때문이다.

능력 있는 상사는 무리한 행동을 하지 않는다. 부하에게 '아부하는' 상사가 아니냐고 오해하는 사람도 있겠지만 그렇지 않다.

"하라면 해!" 라는 식의 무리한 강요는 하지 않는다는 의미이다. 어디까지나 부하가 납득할 만한 절충선을 찾으려고 애쓴다.

설득이 아니라 납득할 수 있는 부분부터 의논하라.

일본의 닛산자동차의 사장 겸 CEO 카를로스 곤 씨는 이렇게 말했다.

"나는 호의적이고 상황을 살피는 사람을 납득시켜 적극적으로 참여하도록 유도하기 위해 싸워 왔습니다."

그 싸움이란 어떤 것이었을까?

곤 씨는 "철저히 의논했다"고 말한다. 상대가 회의적일 때 무작정 설득한 것이 아니라 대안을 마련하기 위해 서로 대화를 나누었다는 것이다. 따라서 상대는 스스로를 무기력하게 느끼지 않게 된다. 회의적인 부하에 대한 상사의 태도로서 이런 방법은 매우 효과적이라 할 수 있다.

무리하게 자신의 의견에 따르도록 강요해 보았자 상대는 적극적으로 가담하지 않는다.

"하라니까 하는 거지, 어차피 안 되는 건데 뭐."

그런 기분으로 일한다.

"안 된다는 걸 알면 생각을 바꾸겠지." 하고, 처음부터 상황을 살피는 입장에 서고 만다.

그런 상황에서 부하가 애매한 말을 하기 시작하면 자신만의 생각에 틀어박히기 전에 마음을 열어줄 필요가 있다.

"내가 한 말 중에 뭔가 의문점이 있으면 지적해 주게."

그런 말로 대화의 진행을 일시 정지시킨다. 경우에 따라서는 뒤로 되돌려도 상관없다.

애매한 말을 하는 것은 이대로 대화를 진행시키고 싶지 않기 때문이다. 그러므로 상대가 납득하지 못하는 부분으로 이야기를 돌릴 필요가 있는 것이다. 그렇게 하면, 상대의 마음도 풀린다.

납득할 수 있는 부분부터 의논을 해나간다. 이것이 능력 있는 상사가 부하의 적극적인 참여를 유도해내는 비결이다.

② 습관적으로 '즉' '예를 들면'을 연발하는 사람의 심리

주위에 보면 '말하자면'이나 '예를 들면'을 연발하는 사람이 꼭 있다. 젊은 사람보다 오히려 중장년의 관리직이 많을지도 모른다.

말버릇이란 묘하게 신경 쓰이는 것인데 본인은 그것을 깨닫지 못한다. 무의식중에 나오기 때문에 스스로 얼마나 빈번하게 사용하는지 자각하지 못한다.

어떤 말버릇이든 다양한 상황에서 그 말이 자주 나온다는 것은 뭔가 심층심리가 작용하고 있다는 증거이다. 심리적으로 뭔가에 편중되어 있어 그것이 같은 말의 연발로 이어지는 것이다.

'말하자면'은 그때까지의 이야기의 내용을 정리하려는 말이다. 자신의 주장을 결론지을 때 '말하자면'이라는 말을 집어넣는다. 그런 의미에서는 논리적인 사람이라고 할 수도 있다. 단, '말하자면'이라고 말한 뒤 명쾌한 결론을 내는 사람의 경우에 한해 그렇다.

실제로는 '말하자면'이 단순한 말버릇인 경우가 많기 때문에 좀처럼 이야기가 정리되지 않는다. 본인은 논리적으로 설명하려고 하지만 그것이 생각처럼 되지 않아 몇 번이고 '말하자면'을 연발하는 것이다.

'예를 들면'이 말버릇인 사람도 마찬가지다.

이것은 이야기의 내용을 알기 쉽게 설명하기 위해 사용하는 말이지만 그것을 연발하는 것은 해설하기 좋아하고 설득하기 좋아하는 경우이다.

실제로 '예를 들면'을 연발하여 상대가 납득할 수 있느냐 하면 그렇지 않다. 쓸데없이 이야기에 혼란만 줄 뿐이다. 설득하기 좋아하는 사람의 이런 말버릇은 오히려 설득력을 떨어뜨린다.

'예를 들면'에는 완곡한 희망이 함축되어 있을 때도 있다.

"이런 바쁜 시기에, 예를 들면 제가 휴가를 신청해도 소용없겠죠?"

그렇게 말하는 부하에 대해,

"휴가 가고 싶은가?" 상사가 이렇게 되물으면, 부하는 당황하여 부정한다.

"아뇨, 어디까지나 예를 들면 그렇다는 겁니다."

이런 식으로 부정할 것이다.

③ '하지만' '그러니까' 가 말버릇인 사람의 심리

그리고 보면 '말하자면' 이나 '예를 들면' 을 연발하는 사람은 직접적으로 말하는 것이 서툰, 마음 약한 성격이라고 생각할 수 있다. 그 나약한 마음이 설득력 부족을 낳는 것이다.

반대로 자기주장이 강한 사람의 말버릇도 있다. '하지만' 또는 '그러니까' 라는 말이다.

상대의 말을 어떻게든 부정하고 자신의 주장을 관철시키려는 것이 '하지만' 이다. '하지만' 다음에 이어지는 말이 반드시 상대의 의견에 대한 반론은 아니다. 같은 의견일 수도 있다. 그럼에도 불구하고 '하지만' 이라는 한마디로 자신에게 시선을 집중시키고 싶은 것이, 이 말버릇의 특징이다. '그러니까' 는 자신의 주장을 강요하는 말이다.

"그러니까 아까부터 말하지 않았나, 안 된다면 안 되는 거야!"

상사가 부하에게 '그러니까' 를 사용할 때는 약간 감정이 섞여 있을 때이다.

따라서 (이것도 일종의 말버릇이지만), '하지만' 과 '그러니까' 가 맞부딪치면 냉정한 대화가 불가능하다. 서로 자신의 의견을 주장하기 때문이다.

이처럼 특유의 말버릇을 가진 상대는 그만큼 본심을 파악하기 쉽다고 생각하면 된다. '아, 이런 성격이구나.' 하고 생각하면 차분하게 대처할 수 있다.

특별히 신경 쓸 만한 말버릇이 없는 사람은 그만큼 셀프컨트롤을 잘한다고 할 수 있을 것이다.

④ '그렇군요.'를 연발하는 사람의 심리

온화해 보이지만 사실은 방관자적 태도이다.

'말하자면'이나 '예를 들면'의 비논리성, '하지만'이나 '그러니까'의 자기주장에 대해 설명했는데 또 하나 주의할 만한 말버릇이 있다.

'그렇군요.'라는 온화하고 추종적인 말이다. 상사는 순종하는 부하를 원하지만 조직의 불화는 거기에서 비롯되는 것도 사실이다. 왜냐하면 순종하는 부하는 뒤집어 말하면 무책임한 부하이기 때문이다.

'명령한 것은 상사니까 책임을 지는 것도 상사'라고 생각하여 자신의 일에 대한 책임감이나 실행력, 판단력이 부족하다. 주어진 테두리 안에서 벗어나지만 않으면 된다고 생각한다.

이것은 방관자의 심리이다.

일이라는 것에는 절차가 있기 때문에 그것을 하나씩 처리하면서 보람을 느낄 수 있다. 하지만 방관자에게는 자신이 바라봐야 할 도착점이 없다.

성과나 실적이 나왔다고 해도 진정한 의미에서의 당성감이 생기지 않기 때문에 일에 '감동'을 느끼지 못한다. 이런 '무감동'의 사원이 요즘 늘고 있다. 이것이 조직 불화의 실태이다.

긍정적으로 보이지만 부정하는 냉담한 심리

'그렇군요'라는 말은 순종이지만 긍정이라고는 볼 수 없다. 상대의 주장을 인정하는 듯이 보여도 표면적인 수긍에 지나지 않는 경우도 많다.

예를 들어 상사가 자기주장을 내세운다고 하자, 이 말을 자주 하는 사람은 속으로는 반론하고 싶지만 겉으로는 그냥 인정해버리는 척하는 것이다. '그렇군요'라는 말로 납득을 가장하면서 내심으로는 '부장은 저렇게 말하지만 말대로 안 될걸' 하고 생각한다.

어쨌든 '그렇군요'를 연발하는 사람의 심층 심리는 냉담하다. 순종하는 듯이 보이지만 방관적이며, 긍정적으로 보이지만 부정하고 있다.

능력 있는 상사는 부하의 그런 냉담한 심리를 읽어낸다. 단순한 긍정이라고 받아들이지 않고, 본심에 감춰진 소극적인 기분을 간파한다.

거기에서 먼저 대화의 포인트를 천천히 되돌린다. 틈을 주어 대화가 일방통행이 되지 않도록 배려한다.

부하가 '그렇군요'를 연발하는 것은, 상사의 강요가 원인인 경우도 있다. 순종만을 요구하는 상사에 대해 '그렇군요'는 부하의 지위 수단이 되기 때문이다.